ÉDITION FRANÇAISE

ENGLISH
FOR EVERYONE

MANUEL D'APPRENTISSAGE

NIVEAU 2 PRÉ-INTERMÉDIAIRE

L'auteur

Rachel Harding a étudié l'enseignement de la langue anglaise et travaille désormais à plein temps en tant qu'auteur de matériel d'apprentissage de l'anglais. Elle a écrit pour de grands éditeurs de langue anglaise, y compris Oxford University Press.

Les consultants pédagogiques

Tim Bowen a enseigné l'anglais et formé des enseignants dans plus de trente pays. Il est le coauteur d'ouvrages sur l'enseignement de la prononciation et sur la méthodologie de l'enseignement des langues, et est l'auteur de nombreux ouvrages pour les enseignants d'anglais. Il travaille actuellement comme auteur indépendant de matériels pédagogique, éditeur et traducteur. Il est membre du Chartered Institute of Linguists.

Kate O'Donovan, irlandaise, est titulaire d'un PDGE, et d'une licence d'histoire et d'anglais. Elle a travaillé en Suisse, à Oman et au Bahreïn. Depuis 2014 à Paris, elle enseigne l'anglais au British Council où elle est aussi coordinatrice.

La consultante linguistique

Susan Barduhn est professeur d'anglais et formatrice expérimentée d'enseignants. Elle a, en tant qu'auteur, contribué à de nombreuses publications. Elle donne non seulement des cours d'anglais dans le monde entier, mais est également présidente de l'Association internationale des professeurs d'anglais langue étrangère et conseillère auprès du Conseil britannique et du département d'État américain. Elle est actuellement professeur à la School for International Training dans le Vermont, aux États-Unis.

ÉDITION FRANÇAISE

ENGLISH FOR EVERYONE

MANUEL D'APPRENTISSAGE

NIVEAU 2 PRÉ-INTERMÉDIAIRE

Rédacteurs Gareth Clark, Lisa Gillepsie, Andrew Kerr-Jarrett
Éditeurs artistiques Chrissy Barnard, Ray Bryant
Éditeur artistique senior Sharon Spencer
Assistants d'édition Jessica Cawthra, Sarah Edwards
Illustrateurs Edwood Burn, Denise Joos, Michael Parkin, Jemma Westing
Producteur audio Liz Hammond
Rédacteur en chef Daniel Mills
Éditeur artistique en chef Anna Hall
Gestionnaire de projet Christine Stroyan
Concepteur couverture Natalie Godwin
Éditeur couverture Claire Gell
Responsable conception couverture Sophia MTT
Production, pré-productionn Luca Frassinetti
Production Mary Slater
Éditeur Andrew Macintyre
Directeur artistique Karen Self
Directeur de publication Jonathan Metcalf

DK Inde
Concepteur couverture Surabhi Wadhwa
Éditeur couvertures en chef Saloni Singh
Concepteur PAO en chef Harish Aggarwal

Publié en Grande-Bretagne en 2016
par Dorling Kindersley Limited
80 Strand, London, WC2R 0RL

Titre original : *English For Everyone. Course Book. Level 2. Beginner*

Pour la version française :
© 2017 Dorling Kindersley Limited
Adaptation et réalisation : Édiclic
Révision pédagogique : Kate O'Donovan
Traduction : Estelle Demontrond-Box pour Édiclic
Lecture-correction : Paul Cléonie

ISBN : 978-0-2413-0243-9
Imprimé et relié en Chine

UN MONDE D'IDÉES :

www.dk.com

Sommaire

Fonctionnement du cours

English for everyone est un ouvrage conçu pour toutes les personnes désireuses d'apprendre l'anglais par elles-mêmes. Comme tout cours de langue, il porte sur les compétences de base : grammaire, vocabulaire, prononciation, compréhension orale, expression orale, compréhension écrite et expression écrite. Ici, les compétences sont enseignées de façon visuelle, à l'aide d'images et de schémas pour vous aider à comprendre et à bien mémoriser. Pour être plus efficace, suivez la progression du livre en veillant à utiliser les enregistrements à votre disposition sur le site Internet et sur l'application. À la fin de chaque unité, vous pouvez effectuer les exercices supplémentaires dans le livre d'exercices afin de renforcer votre apprentissage.

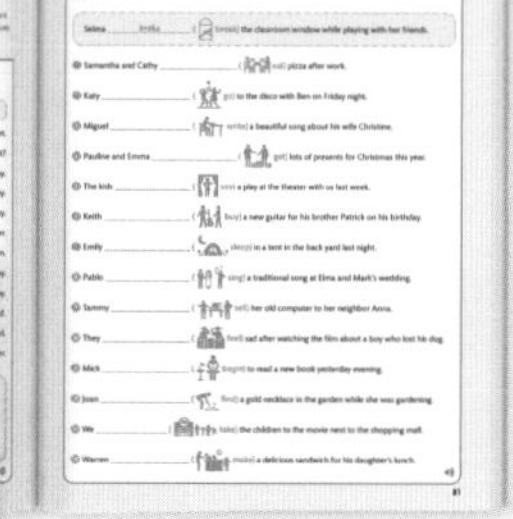

LIVRE D'EXERCICES

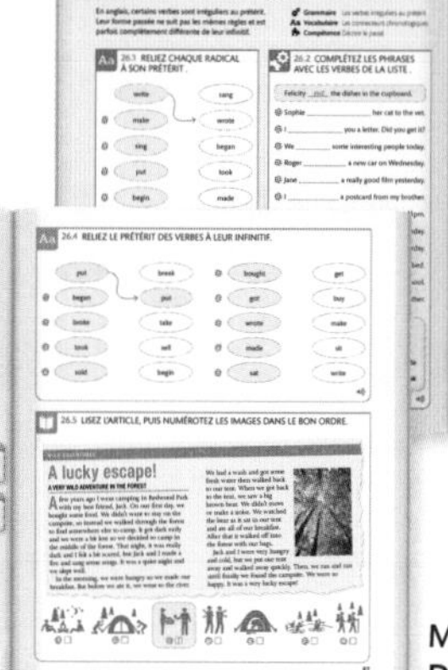

MANUEL D'APPRENTISSAGE

Numéro de chapitre Il vous aide à suivre votre progression.

Les points d'apprentissage Chaque chapitre débute par un résumé des points d'apprentissage clés.

Modules Chaque chapitre est divisé en modules, qui doivent être réalisés dans l'ordre. Vous pouvez faire une pause à la fin de chaque module.

Apprentissage linguistique Les modules avec un fond coloré vous enseignent un nouveau vocabulaire et une nouvelle grammaire. Étudiez-les attentivement avant de faire les exercices.

35 Parler de vos dispositions futures

Vous pouvez utiliser le présent continu pour parler de choses qui se déroulent dans le moment présent. Mais vous pouvez aussi employer le présent continu pour parler d'événements futurs.

Grammaire Le futur avec le présent continu
Vocabulaire S'excuser
Compétence Parler de vos dispositions futures

35.1 POINT CLÉ LE PRÉSENT CONTINU POUR PARLER D'ÉVÉNEMENTS FUTURS

Utilisez des expressions temporelles pour indiquer si le verbe au présent continu fait référence au présent ou au futur.

At the moment **Dave is working**, but tomorrow **he is playing golf.**

« At the moment » fait référence au présent. Le présent continu fait référence à l'activité présente de Dave. Le marqueur de temps « tomorrow » fait référence au futur. Le présent continu fait référence à un événement futur qui est prévu.

35.2 AUTRES EXEMPLES LE PRÉSENT CONTINU POUR PARLER D'ÉVÉNEMENTS FUTURS

Jack's playing **soccer** now, then later he's seeing **a movie.**

Sue is studying now, **but** this evening she's visiting **a friend.**

Today, I'm playing **tennis, but** I'm playing **golf** tomorrow.

I'm reading at the moment, **but** I'm going **running** later.

Vous pouvez utiliser le marqueur ou l'expression de temps au début ou à la fin de la phrase.

35.3 POINT CLÉ « ON » ET « IN » AVEC LES JOURS, LES MOIS ET LES DATES

Utilisez la préposition « on » devant les jours de la semaine et les dates spécifiques. Utilisez « in » avec les mois et les années.

I'm working on **Tuesday.** | **I'm retiring** in **June.**

I'm working on **May 9th.** | **I'm retiring** in **2035.**

114

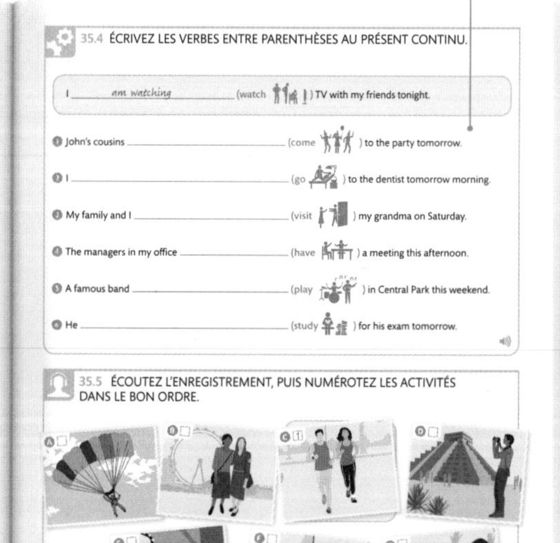
35.4 ÉCRIVEZ LES VERBES ENTRE PARENTHÈSES AU PRÉSENT CONTINU.

I am watching (watch) TV with my friends tonight.

1 John's cousins ______ (come) to the party tomorrow.
2 I ______ (go) to the dentist tomorrow morning.
3 My family and I ______ (visit) my grandma on Saturday.
4 The managers in my office ______ (have) a meeting this afternoon.
5 A famous band ______ (play) in Central Park this weekend.
6 He ______ (study) for his exam tomorrow.

35.5 ÉCOUTEZ L'ENREGISTREMENT, PUIS NUMÉROTEZ LES ACTIVITÉS DANS LE BON ORDRE.

115

Support audio La plupart des modules sont accompagnés d'enregistrements sonores de locuteurs anglophones pour vous aider à améliorer vos compétences en matière de compréhension et d'expression orales.

Exercices Les modules sur fond blanc vous proposent des exercices destinés à renforcer vos connaissances.

Modules linguistiques

Les nouveaux points sont enseignés de manière progressive : d'abord une explication simple de leur emploi, puis des exemples supplémentaires de leur emploi courant et une explication détaillée de leurs constructions clés.

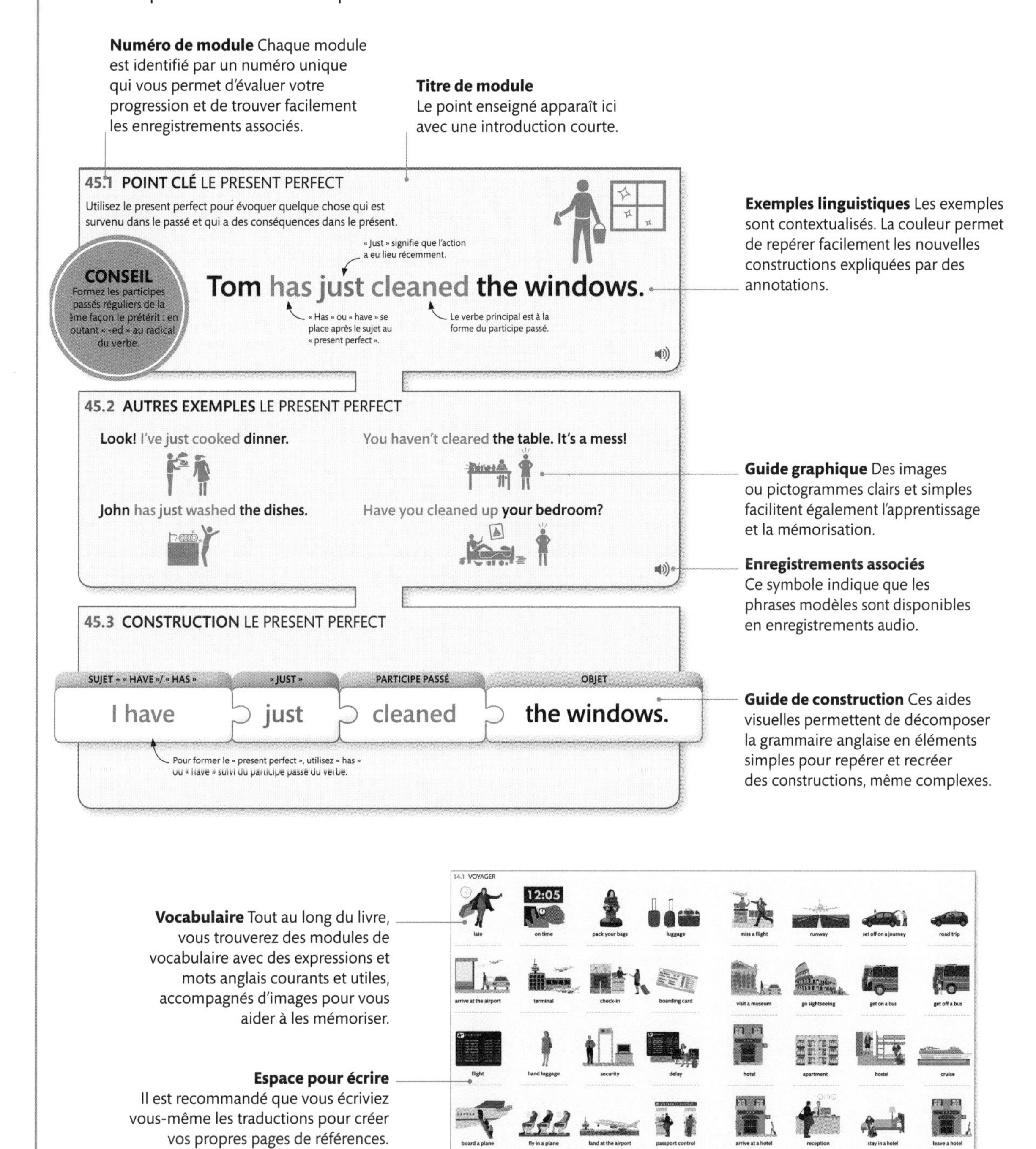

Modules d'exercices

Chaque exercice est soigneusement conçu pour pratiquer et évaluer les nouveaux points linguistiques enseignés dans les chapitres correspondants du manuel d'apprentissage. Les exercices accompagnant le manuel vous aideront à mieux mémoriser ce que vous avez appris et donc à mieux maîtriser la langue anglaise. Chaque exercice est introduit par un symbole indiquant la compétence travaillée.

GRAMMAIRE
Appliquez les nouvelles règles grammaticales dans différents contextes.

VOCABULAIRE
Consolidez votre compréhension du vocabulaire clé.

COMPRÉHENSION ÉCRITE
Étudiez la langue cible dans des contextes anglophones authentiques.

EXPRESSION ÉCRITE
Entraînez-vous à rédiger des textes en anglais.

COMPRÉHENSION ORALE
Évaluez votre niveau de compréhension de l'anglais oral.

EXPRESSION ORALE
Comparez votre anglais oral aux enregistrements audio types.

Numéro de module Chaque module est identifié par un numéro unique qui vous permet de trouver facilement les réponses et les enregistrements associés.

Consignes des exercices Chaque exercice est introduit par une consigne courte qui vous explique ce que vous devez faire.

Exemple de réponse La réponse de chaque première question de chaque exercice vous est donnée pour vous aider à mieux comprendre la consigne.

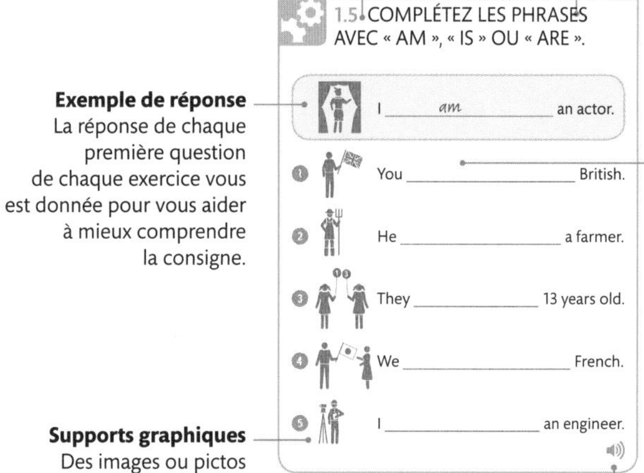

Espace pour écrire Il est recommandé que vous écriviez vos réponses dans le livre, à titre de référence pour la suite.

Supports graphiques Des images ou pictos vous aideront à comprendre les exercices.

Supports audio Ce symbole indique que les réponses de l'exercice sont disponibles sous forme d'enregistrements audio. Écoutez-les une fois l'exercice terminé.

Exercice d'expression orale Ce symbole indique que vous devez donner les réponses à voix haute, puis que vous devez les comparer aux enregistrements types compris dans les fichiers audio.

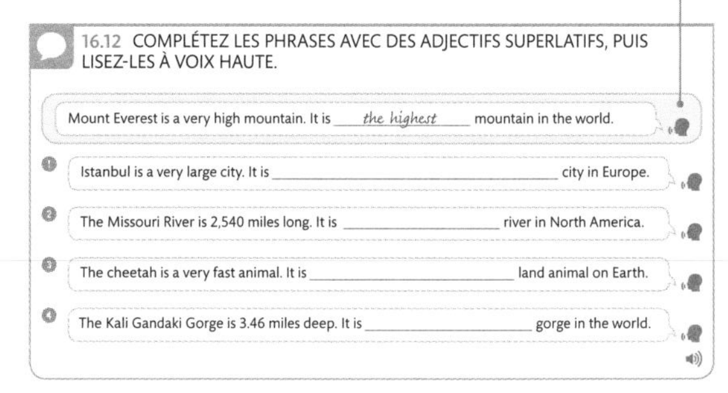

Exercice de compréhension orale Ce symbole indique que vous devez écouter un enregistrement audio afin de répondre aux questions de l'exercice.

Audio

English for everyone contient de nombreux documents audio. Il vous est recommandé de les utiliser autant que possible, afin d'améliorer votre compréhension de l'anglais parlé pour un accent et une prononciation plus naturels. Chaque dossier peut être lu, mis en pause ou répété aussi souvent que vous le désirez jusqu'à ce que vous soyez sûr d'avoir pleinement compris ce qui a été dit.

EXERCICES DE COMPRÉHENSION ORALE
Ce symbole indique que vous devez écouter un enregistrement afin de pouvoir répondre aux questions d'un exercice.

AUDIO ASSOCIÉ
Ce symbole indique qu'un enregistrement supplémentaire est à votre disposition une fois le module terminé.

Suivez votre progression

La méthode est conçue pour vous permettre de suivre votre progression grâce à des modules d'analyses et des récapitulatifs réguliers. Les réponses aux exercices sont fournies et vous pouvez ainsi vérifier votre compréhension de chaque élément pédagogique.

Check-lists Chaque chapitre se termine par une check-list afin de vérifier les nouvelles compétences apprises.

13 CHECK-LIST

Descriptions météorologiques ☐ Les mots liés à la température ☐ Parler du temps qu'il fait ☐

Cases à cocher Utilisez ces cases pour indiquer les compétences que vous pensez avoir assimilées. Revenez en arrière et retravaillez tout point que vous ne pensez pas encore maîtriser.

Modules bilan À la fin de chaque unité, vous trouverez un module bilan plus détaillé résumant les points linguistiques appris.

BILAN L'ANGLAIS QUE VOUS AVEZ APPRIS DANS LES CHAPITRES 11-13

NOUVEAU POINT LINGUISTIQUE	EXEMPLE TYPE	☑	CHAPITRE
DIRE CE QUI NE VA PAS	Are you okay? No, I'm not feeling very well.	☐	11.1
LES PROBLÈMES DE SANTÉ	I have a broken foot. My foot hurts. I have a pain in my head. I have a headache.	☐	11.3, 11.4
PARLER DU TEMPS QU'IL FAIT	What's the weather like? Okay, but there are a lot of clouds. It's cloudy.	☐	13.1, 13.2
DIRE LA TEMPÉRATURE	It's 27 degrees celsius. It's 10 degrees fahrenheit.	☐	13.5
LES EXPRESSIONS POUR DÉCRIRE LA TEMPÉRATURE	How hot is it? It's boiling. How cold is it. It's freezing.	☐	13.5

51

01

1.4
1. You **are** 40 years old.
2. I **am** from New Zealand.
3. He **is** my cousin.
4. We **are** British.
5. They **are** mechanics.
6. She **is** my sister.
7. We **are** scientists.
8. She **is** 21 years old.

1.5
1. You **are** British.
2. He **is** a farmer.
3. They **are** 13 years old.
4. We **are** French.
5. I **am** an engineer.

1.6
1. True
2. False
3. False
4. True
5. True

1.7
1. I am Jack.
2. I am 40 years old.
3. I am Canadian.
4. I am an engineer.
5. He is Jack.
6. He is 40 years old.
7. He is Canadian.
8. He is an engineer.
9. They are 40 years old.
10. They are Canadian.

Réponses Trouvez les réponses de chaque exercice à la fin du manuel.

Numéros des exercices Faites-les correspondre aux identifiants uniques situés au coin supérieur gauche de chaque exercice.

Enregistrements Ce symbole indique qu'il vous est possible d'écouter les réponses.

01 Parler de vous

En anglais, on utilise « to be » au présent simple pour parler de soi, d'autres personnes ou de choses nous concernant.

Grammaire « To be »
Vocabulaire Dire votre nom ; les métiers et la famille
Compétence Parler de vous

1.1 POINT CLÉ LES PHRASES AFFIRMATIVES AVEC « TO BE »

Utilisez le verbe « to be » pour dire votre âge, votre nationalité et votre métier.

Hi! I am Noah. I'm 25 years old. I'm Australian and I'm a doctor.

À l'oral, on emploie souvent la forme contractée. Une forme contractée est la version abrégée de 2 mots. La forme contractée de « I am » est « I'm ».

1.2 AUTRES EXEMPLES LES PHRASES AFFIRMATIVES AVEC « TO BE »

Mia is **72 years old.**

Jack's aunt is **Canadian.**

Aban is **a police officer.**

They are **the Jackson family.**

1.3 CONSTRUCTION LES PHRASES AFFIRMATIVES AVEC « TO BE »

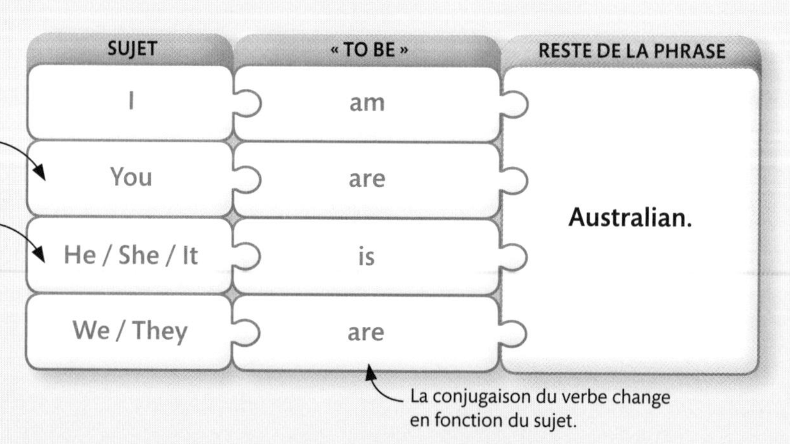

SUJET	« TO BE »	RESTE DE LA PHRASE
I	am	Australian.
You	are	
He / She / It	is	
We / They	are	

En anglais, on utilise « you » pour le singulier et pour le pluriel.

Ces mots sont des pronoms. Ils sont le sujet de ces phrases.

La conjugaison du verbe change en fonction du sujet.

1.4 BARREZ LE MOT INCORRECT DANS CHAQUE PHRASE.

They are / ~~is~~ builders.

1. You are / is 40 years old.
2. I am / is from New Zealand.
3. He is / are my cousin.
4. We am / are British.
5. They is / are mechanics.
6. She is / are my sister.
7. We is / are scientists.
8. She is / are 21 years old.

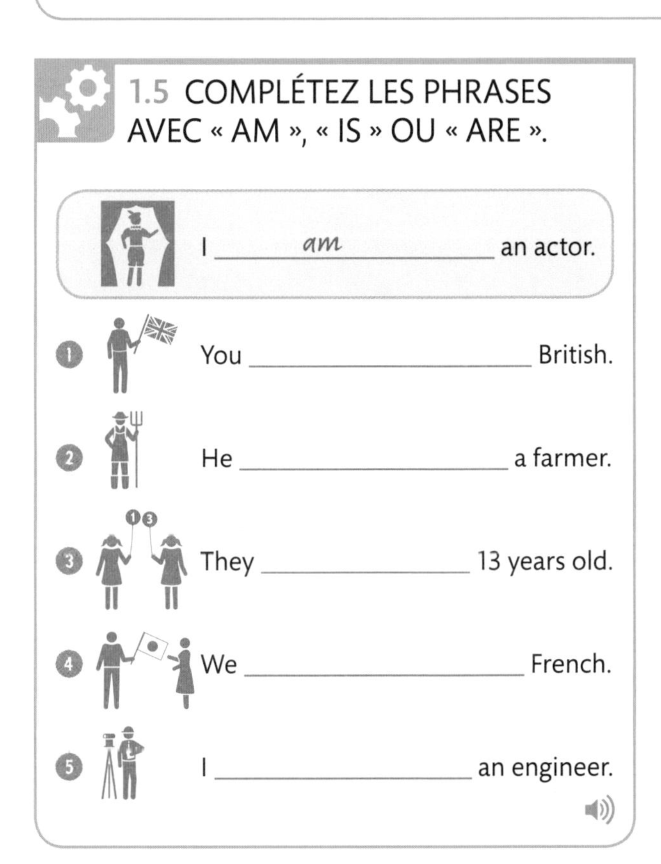

1.5 COMPLÉTEZ LES PHRASES AVEC « AM », « IS » OU « ARE ».

I *am* an actor.

1. You ______ British.
2. He ______ a farmer.
3. They ______ 13 years old.
4. We ______ French.
5. I ______ an engineer.

1.6 ÉCOUTEZ, PUIS COCHEZ LA BONNE RÉPONSE.

Charlie is an engineer.
True ☐ **False** ☑

1. Altan is American.
   True ☐ **False** ☐
2. Latifa is an actor.
   True ☐ **False** ☐
3. Ollie is 36 years old.
   True ☐ **False** ☐
4. Kathleen is a chef.
   True ☐ **False** ☐
5. Sammi is 46 years old.
   True ☐ **False** ☐

1.7 UTILISEZ LE SCHÉMA POUR CRÉER 10 PHRASES, PUIS LISEZ-LES À VOIX HAUTE.

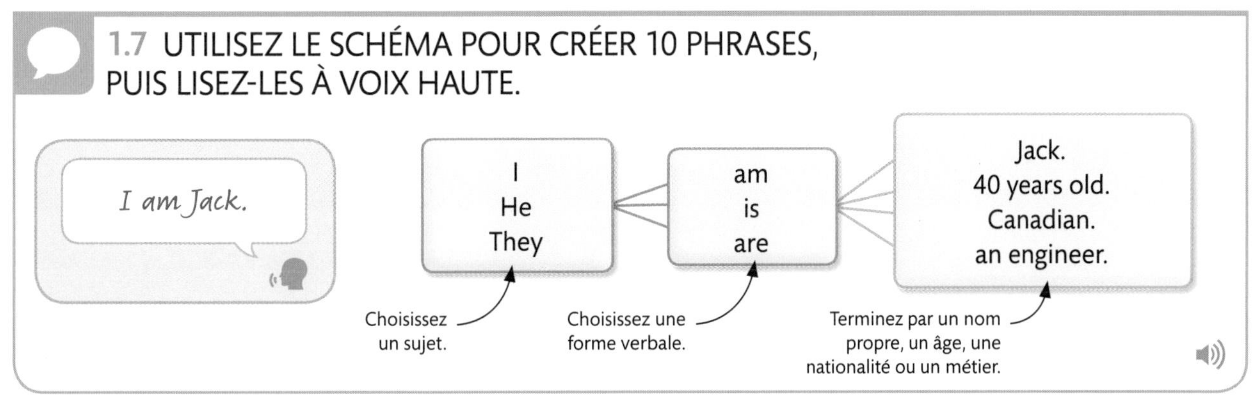

1.8 POINT CLÉ « TO BE » À LA FORME NÉGATIVE

Pour former une phrase négative, ajoutez « not » après le verbe.

I am not **a nurse.** I am **a scientist.**

1.9 AUTRES EXEMPLES « TO BE » À LA FORME NÉGATIVE

« Are not » est souvent contracté en « aren't ».

They aren't **Canadian.**

« Is not » est souvent contracté en « isn't ».

He isn't **at work this morning.**

I'm not **happy today.**

Lucy is not **my friend.**

1.10 COMPLÉTEZ AVEC LA FORME NÉGATIVE DE « TO BE ».

It *is not* 11 o'clock.

1. He ______ playing tennis.
2. She ______ a waitress.
3. He ______ 30 years old.
4. We ______ teachers.
5. I ______ at work.
6. Lyla ______ a cat.

1.11 RÉCRIVEZ LES PHRASES À LA FORME NÉGATIVE.

I am an engineer.
I am not an engineer.

1. Kaleh is their mother.
______
2. There is a bank on this street.
______
3. That is his laptop.
______
4. They are her grandparents.
______
5. Alyssa and Logan are your friends.
______

1.12 POINT CLÉ « TO BE » À LA FORME INTERROGATIVE

Pour poser une question avec « to be », placez le verbe avant le sujet.

1.13 AUTRES EXEMPLES « TO BE » À LA FORME INTERROGATIVE

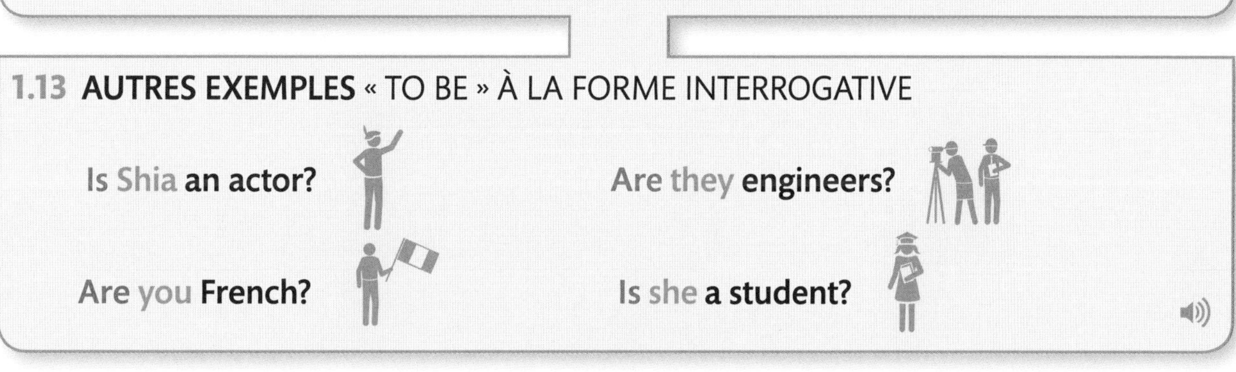

1.14 RÉCRIVEZ LES PHRASES À LA FORME INTERROGATIVE.

1.15 COMPLÉTEZ LES PHRASES, PUIS LISEZ-LES À VOIX HAUTE.

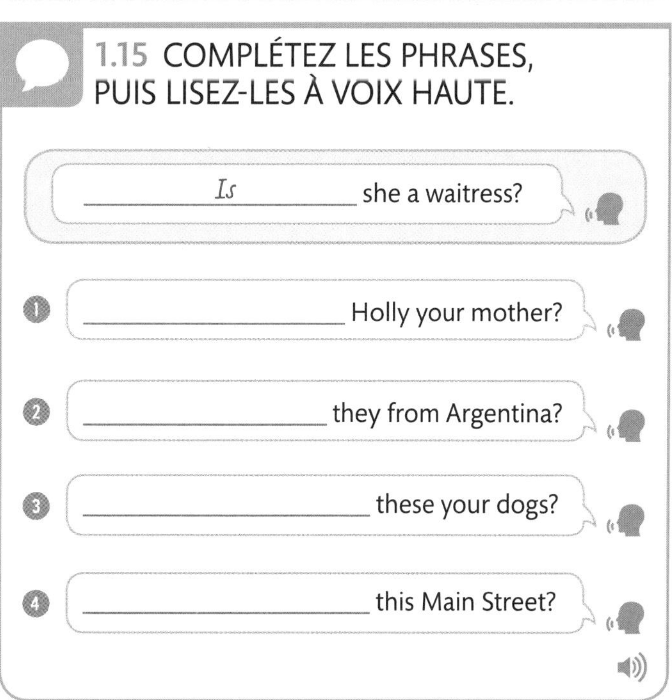

01 CHECK-LIST

« To be » ☐ **Aa** Dire votre nom ; les métiers et la famille ☐ Parler de vous ☐

02 Parler de vos routines

Vous pouvez utiliser des phrases au présent simple pour évoquer vos routines quotidiennes, vos passe-temps et parler de ce qui vous appartient. Utilisez « do » pour construire la forme négative et la forme interrogative.

Grammaire Le présent simple
Vocabulaire Les habitudes et les passe-temps
Compétence Parler de vos routines

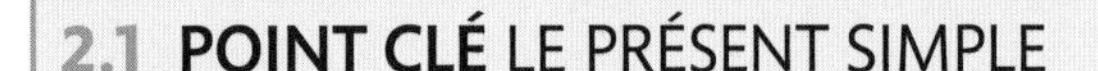

2.1 POINT CLÉ LE PRÉSENT SIMPLE

Pour former le présent simple, utilisez le radical du verbe (l'infinitif sans « to »).

Ceci est le radical du verbe « to eat ».

I eat lunch at 12 o'clock every day.

She eats lunch at 1:30pm every day.

Ajoutez un « -s » au radical avec « he », « she » et « it ».

2.2 AUTRES EXEMPLES LE PRÉSENT SIMPLE

They go to the gym at 8am.

Jamal goes to the gym at 9am.

Pour les verbes se terminant en « -sh », « -ch », « -o », « -ss », « -x » et « -z » on met un « -es » à la troisième personne du singulier.

I have a microwave.

She has a dog and a cat.

Le verbe « to have » est irrégulier. Utilisez « has » avec « he », « she » et « it ».

2.3 CONSTRUCTION LE PRÉSENT SIMPLE

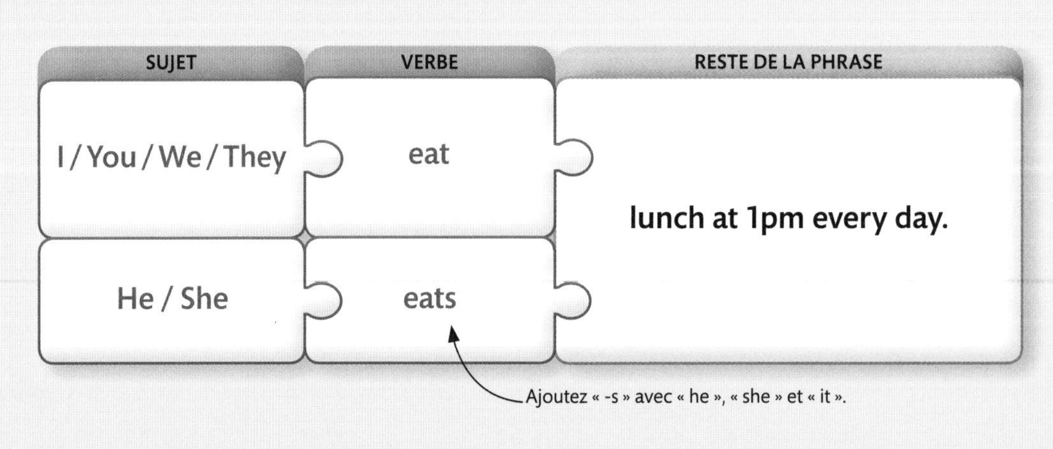

SUJET	VERBE	RESTE DE LA PHRASE
I / You / We / They	eat	lunch at 1pm every day.
He / She	eats	

Ajoutez « -s » avec « he », « she » et « it ».

2.4 BARREZ LE MOT INCORRECT DANS LES PHRASES.

She ~~eat~~ / **eats** dinner in the evening.

1. He **wake up** / **wakes up** at 7 o'clock.
2. I **start** / **starts** work at 10am.
3. They **leave** / **leaves** home at 8:45am.
4. We **finish** / **finishes** work at 4pm.
5. My friend **has** / **have** dinner at 6:30pm.
6. I **cook** / **cooks** dinner every night.
7. My parents **eat** / **eats** lunch at 2pm.
8. Mia **get** / **gets up** at 5 o'clock.
9. My cousin **work** / **works** with animals.

2.5 COMPLÉTEZ LES PHRASES AVEC LES VERBES DE LA LISTE.

Michael *gets up* at 7:30am.

1.  We ____________ work at 5:30pm.
2.  Pam ____________ lunch at 1:30pm.
3.  We ________________ in the park.
4.  His son ____________ work at 9am.
5.  My brother _______ work at 4:45pm.
6.  They ____________ dinner at 8pm.

~~gets up~~ walk goes to
leaves eat eats leave

2.6 CONJUGUEZ LES VERBES AU PRÉSENT SIMPLE, PUIS LISEZ LES PHRASES À VOIX HAUTE.

Sonia *goes* (go) to work early.

1. My son __________ **(watch)** TV all night.
2. He __________ **(go)** shopping on Fridays.
3. We ____________ **(eat)** breakfast at 7am.
4. My cousin _____________ **(work)** inside.
5. Georgia __________ **(start)** work at 9am.
6. They ______________ **(do)** their chores.

2.7 **POINT CLÉ** LE PRÉSENT SIMPLE À LA FORME NÉGATIVE

Pour former la forme négative, utilisez « do not » devant le verbe principal. Utilisez « does not » si le sujet est « he », « she » ou « it ».

Le verbe principal ne change pas.

I do not work outside.
I work inside.

He does not work inside.
He works outside.

2.8 **AUTRES EXEMPLES** LE PRÉSENT SIMPLE À LA FORME NÉGATIVE

He does not live in France.

Vous pouvez contracter « do not » en « don't » et « does not » en « doesn't ».

This house doesn't have a yard.

2.9 **CONSTRUCTION** LE PRÉSENT SIMPLE À LA FORME NÉGATIVE

SUJET	« DO / DOES » + NOT	RADICAL	RESTE DE LA PHRASE
I / You / We / They	do not	work	outside.
He / She / It	does not		

2.10 RÉCRIVEZ LA PHRASE À LA FORME AFFIRMATIVE OU NÉGATIVE COMME DANS L'EXEMPLE.

	He gets up at 5am.	*He does not get up at 5am.*	*He doesn't get up at 5am.*
1			I don't go to work every day.
2		He does not watch TV in the evening.	
3	They work in an office.		

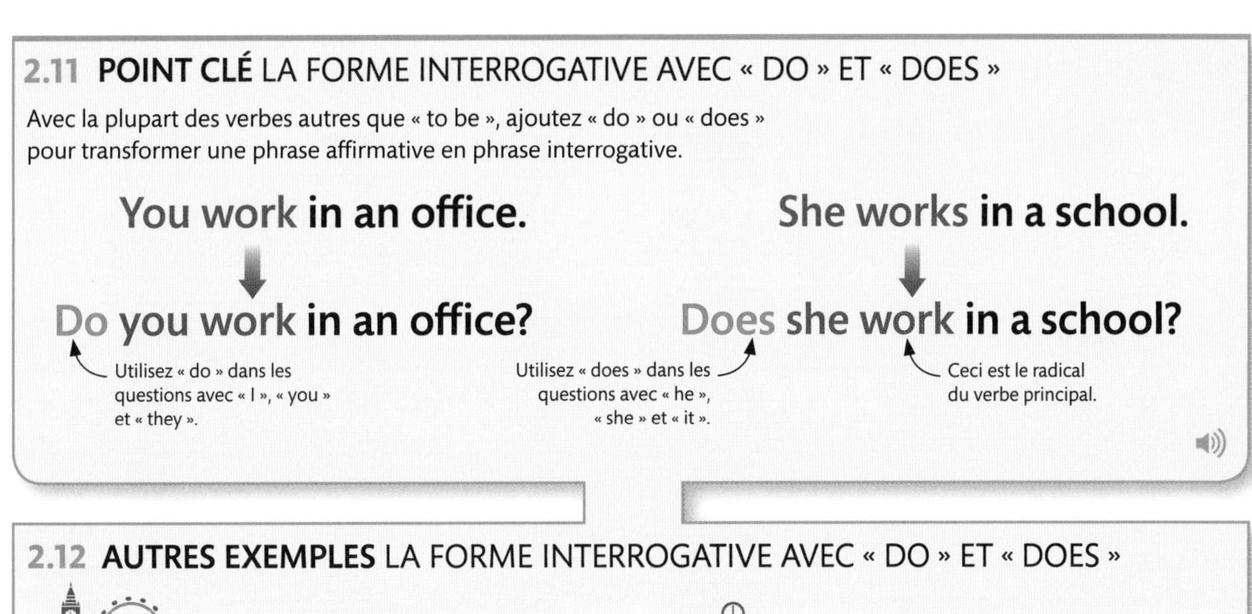

2.11 POINT CLÉ LA FORME INTERROGATIVE AVEC « DO » ET « DOES »

Avec la plupart des verbes autres que « to be », ajoutez « do » ou « does » pour transformer une phrase affirmative en phrase interrogative.

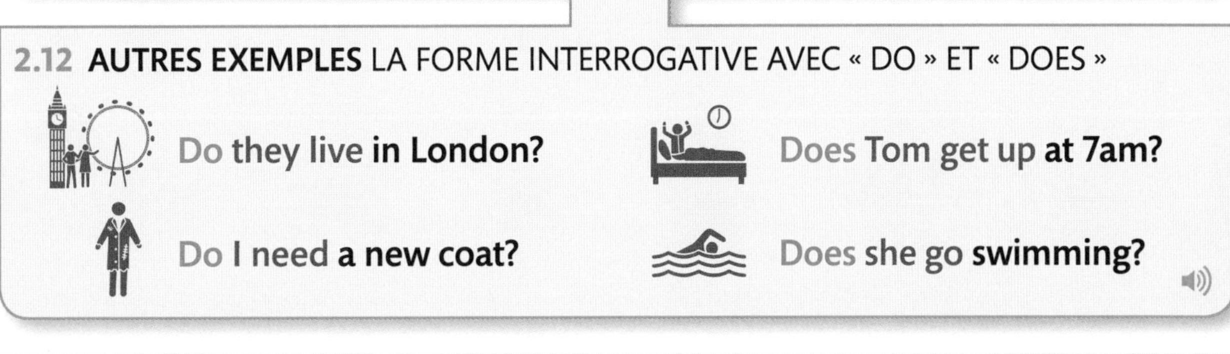

2.12 AUTRES EXEMPLES LA FORME INTERROGATIVE AVEC « DO » ET « DOES »

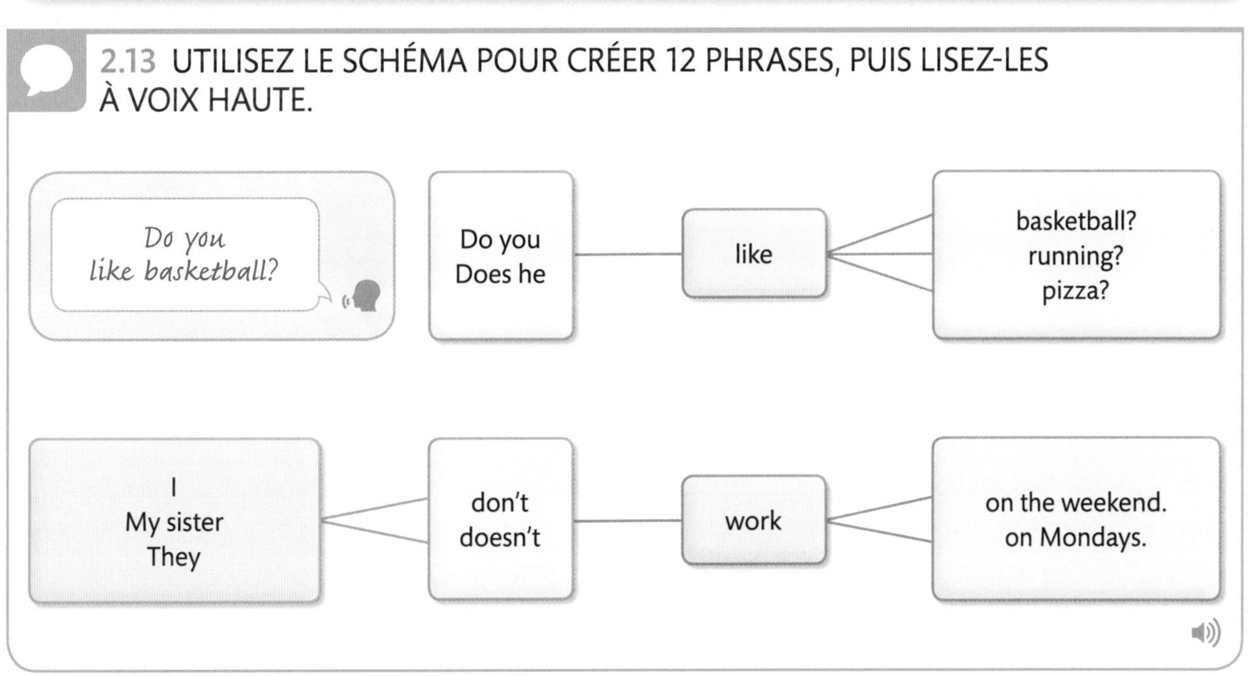

2.13 UTILISEZ LE SCHÉMA POUR CRÉER 12 PHRASES, PUIS LISEZ-LES À VOIX HAUTE.

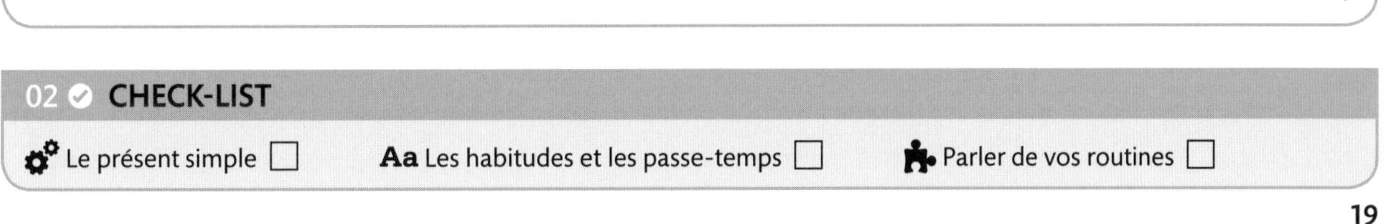

02 CHECK-LIST

03 Aujourd'hui, vous portez...

Vous pouvez utiliser le présent continu pour évoquer quelque chose qui se passe maintenant. Ce temps est souvent employé pour dire ce que quelqu'un porte, utilise ou fait.

Grammaire Le présent continu
Vocabulaire Les vêtements et les activités
Compétence Parler de ce qui se passe maintenant

3.1 POINT CLÉ LE PRÉSENT CONTINU

Le présent continu s'utilise pour évoquer une action qui se déroule au moment où l'on parle.

Ceci est le présent simple. Il décrit une action régulière.

Julie doesn't usually wear dresses, but today she is wearing a bright red dress.

Ceci est le présent continu. Il décrit une action qui se passe au moment présent.

3.2 CONSTRUCTION LE PRÉSENT CONTINU

Utilisez « to be » suivi du participe présent du verbe (la forme « -ing » du verbe) pour former le présent continu.

SUJET	« TO BE »	VERBE + « -ING »	RESTE DE LA PHRASE
She	is	wearing	a red dress.

Ceci est le participe présent. Le participe présent suit les mêmes règles d'orthographe que le gérondif.

3.3 AUTRES EXEMPLES LE PRÉSENT CONTINU

She is walking the dog.

N'oubliez pas que vous pouvez utiliser les formes contractées.

They're fighting with each other.

He is washing the dishes.

She is relaxing at the moment.

We are using our phones.

Pour les verbes se terminant en « -e » (tels que « use »), ôtez le « -e » et ajoutez « -ing ».

I am cutting some apples.

Avec les verbes de 1 syllabe se terminant par consonne-voyelle-consonne, doublez la consonne finale, puis ajoutez « -ing ».

3.4 BARREZ LE MOT INCORRECT DANS LES PHRASES.

They ~~is~~ / are wearing hats.

1. Sharon is / are reading a book.
2. I am / is carrying my laptop.
3. My cat is / are climbing a tree.
4. We is / are working at the moment.
5. They is / are having their dinner.
6. He is / are talking to his dad.
7. I am / are driving to work right now.
8. They am / are watching the movie.

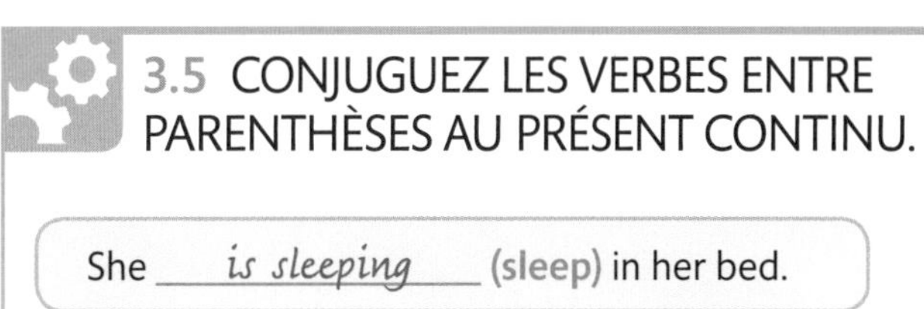

3.5 CONJUGUEZ LES VERBES ENTRE PARENTHÈSES AU PRÉSENT CONTINU.

She *is sleeping* (sleep) in her bed.

1. They ______________ (come) home now.
2. We ______________ (play) a board game.
3. Jane ______________ (cook) dinner.
4. He ______________ (drink) some water.
5. We ______________ (listen) to music.
6. I ______________ (wash) my hair.
7. You ______________ (win) the game.
8. We ______________ (visit) New Zealand.

3.6 ÉCOUTEZ L'ENREGISTREMENT, PUIS RELIEZ CHAQUE PORTRAIT AU PRÉNOM QUI LUI CORRESPOND.

Emma | Emma's dad | Julie | Max | Emma's cousin

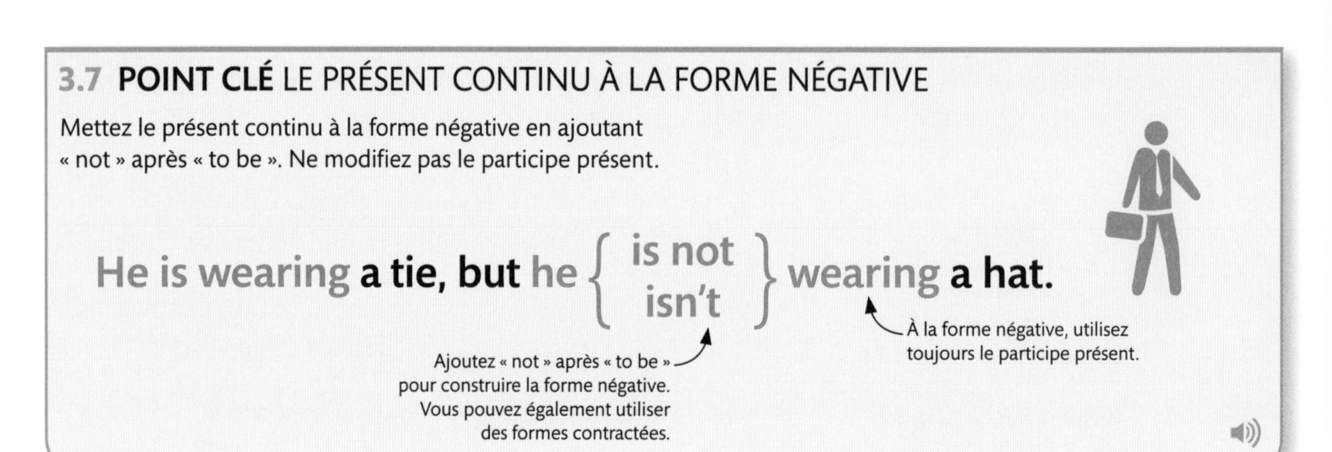

3.7 **POINT CLÉ** LE PRÉSENT CONTINU À LA FORME NÉGATIVE

Mettez le présent continu à la forme négative en ajoutant « not » après « to be ». Ne modifiez pas le participe présent.

He is wearing **a tie, but** he { is not / isn't } wearing **a hat.**

Ajoutez « not » après « to be » pour construire la forme négative. Vous pouvez également utiliser des formes contractées.

À la forme négative, utilisez toujours le participe présent.

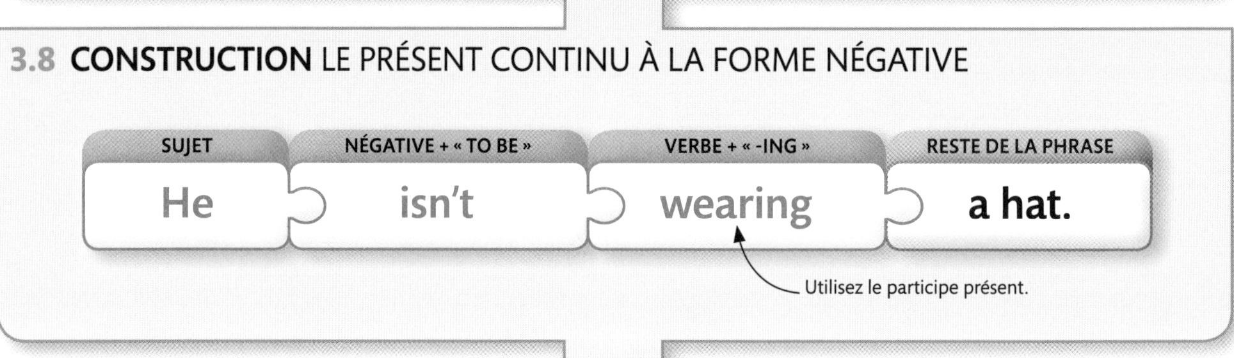

3.8 **CONSTRUCTION** LE PRÉSENT CONTINU À LA FORME NÉGATIVE

SUJET	NÉGATIVE + « TO BE »	VERBE + « -ING »	RESTE DE LA PHRASE
He	isn't	wearing	**a hat.**

Utilisez le participe présent.

3.9 **AUTRES EXEMPLES** LE PRÉSENT CONTINU À LA FORME NÉGATIVE

She isn't walking **the dog.**

We aren't taking **the bus today.**

They aren't singing **well today.**

You aren't doing **your job!**

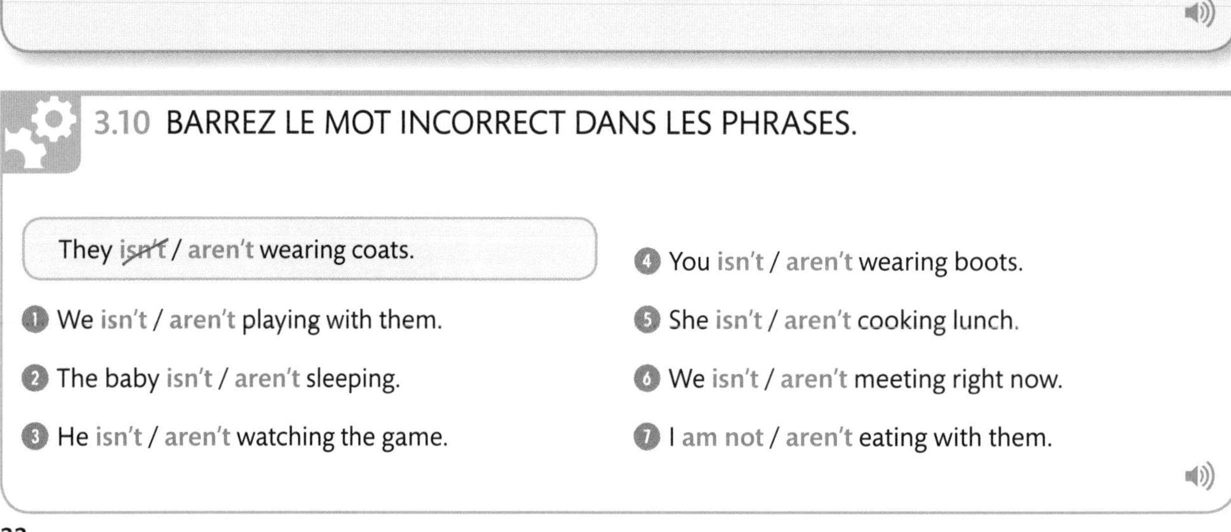

3.10 BARREZ LE MOT INCORRECT DANS LES PHRASES.

They ~~isn't~~ / aren't wearing coats.

1. We isn't / aren't playing with them.
2. The baby isn't / aren't sleeping.
3. He isn't / aren't watching the game.
4. You isn't / aren't wearing boots.
5. She isn't / aren't cooking lunch.
6. We isn't / aren't meeting right now.
7. I am not / aren't eating with them.

3.11 CONJUGUEZ LES VERBES COMME DANS L'EXEMPLE.

Sheila *isn't walking* (walk) the dog.

1. They ________________ (go) to the park.
2. I ________________ (eat) this meal.
3. You ________________ (wear) this coat again.
4. Frank's dog ________________ (sit) by the fire.
5. My dad ________________ (carry) the heavy box.

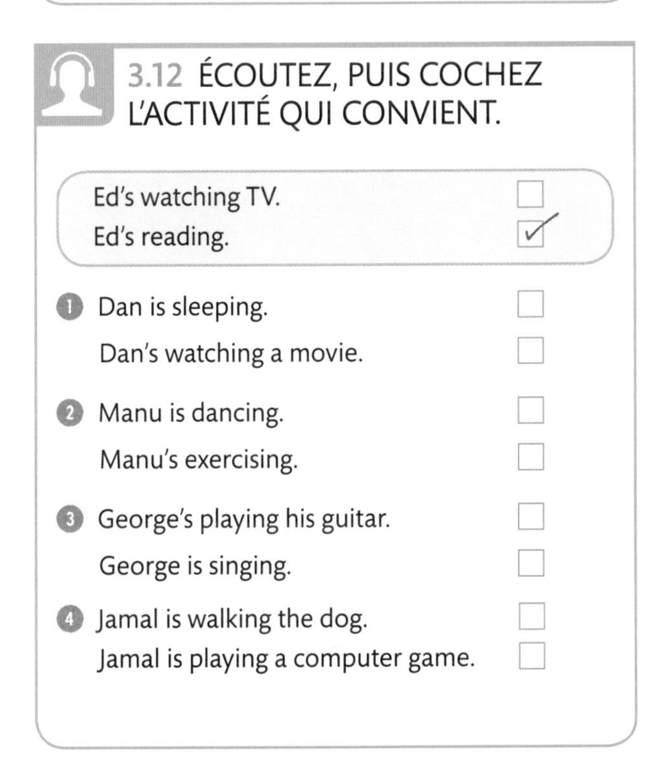

3.12 ÉCOUTEZ, PUIS COCHEZ L'ACTIVITÉ QUI CONVIENT.

Ed's watching TV. ☐
Ed's reading. ☑

1. Dan is sleeping. ☐
   Dan's watching a movie. ☐
2. Manu is dancing. ☐
   Manu's exercising. ☐
3. George's playing his guitar. ☐
   George is singing. ☐
4. Jamal is walking the dog. ☐
   Jamal is playing a computer game. ☐

3.13 À L'AIDE DES IMAGES ET DE L'EXEMPLE, ÉCRIVEZ DES PHRASES AFFIRMATIVES ET NÉGATIVES.

They are running.
They aren't running.

1.

2.

3.

03 CHECK-LIST

Le présent continu ☐ — **Aa** Les vêtements et les activités ☐ — Parler de ce qui se passe maintenant ☐

04 Dire ce qui se passe

Vous pouvez utiliser le présent continu pour poser des questions concernant des événements qui se déroulent maintenant, au moment où vous parlez.

Grammaire Le présent continu à la forme interrogativ
Vocabulaire Les activités et les gadgets
Compétence Poser des questions sur le présent

4.1 POINT CLÉ LE PRÉSENT CONTINU À LA FORME INTERROGATIVE

Utilisez la forme interrogative au présent continu pour poser des questions sur ce qui se passe maintenant.

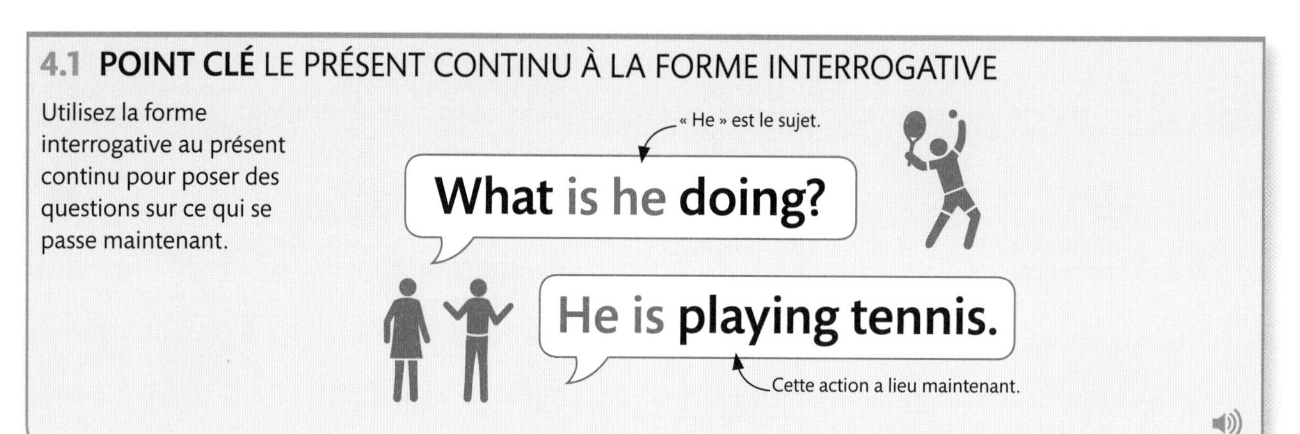

4.2 CONSTRUCTION LE PRÉSENT CONTINU À LA FORME INTERROGATIVE

Pour poser une question au présent continu, inversez le sujet et « to be ». Vous pouvez aussi ajouter des mots interrogatifs.

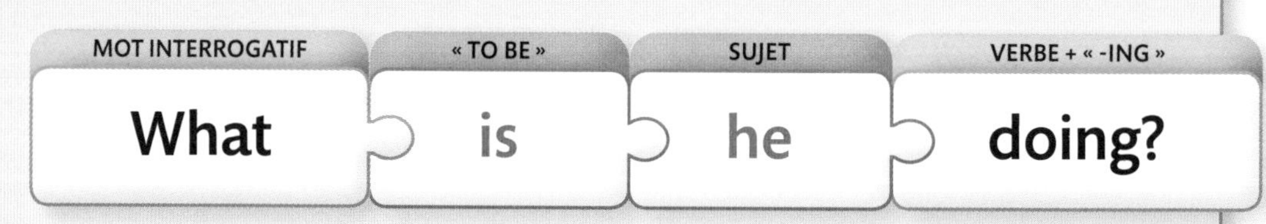

4.3 AUTRES EXEMPLES LE PRÉSENT CONTINU À LA FORME INTERROGATIVE

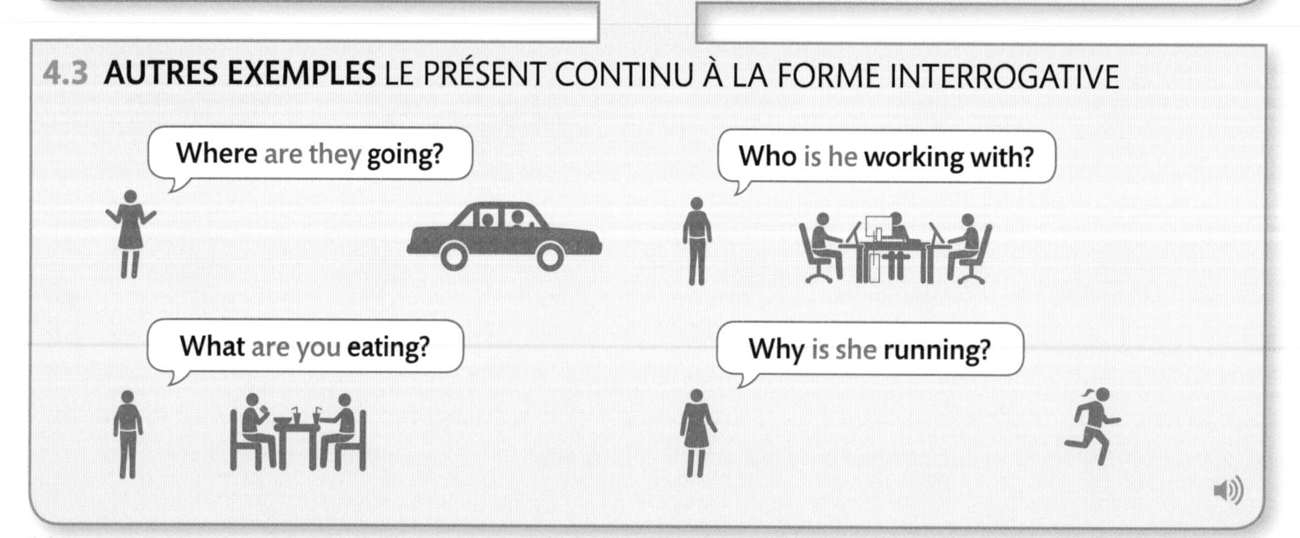

4.4 VOCABULAIRE LES VERBES COURANTS AU PRÉSENT CONTINU

4.5 ÉCOUTEZ L'ENREGISTREMENT, PUIS RELIEZ CHAQUE ACTIVITÉ À LA PERSONNE QUI L'ACCOMPLIT.

4.6 RELIEZ CHAQUE QUESTION À LA RÉPONSE CORRESPONDANTE.

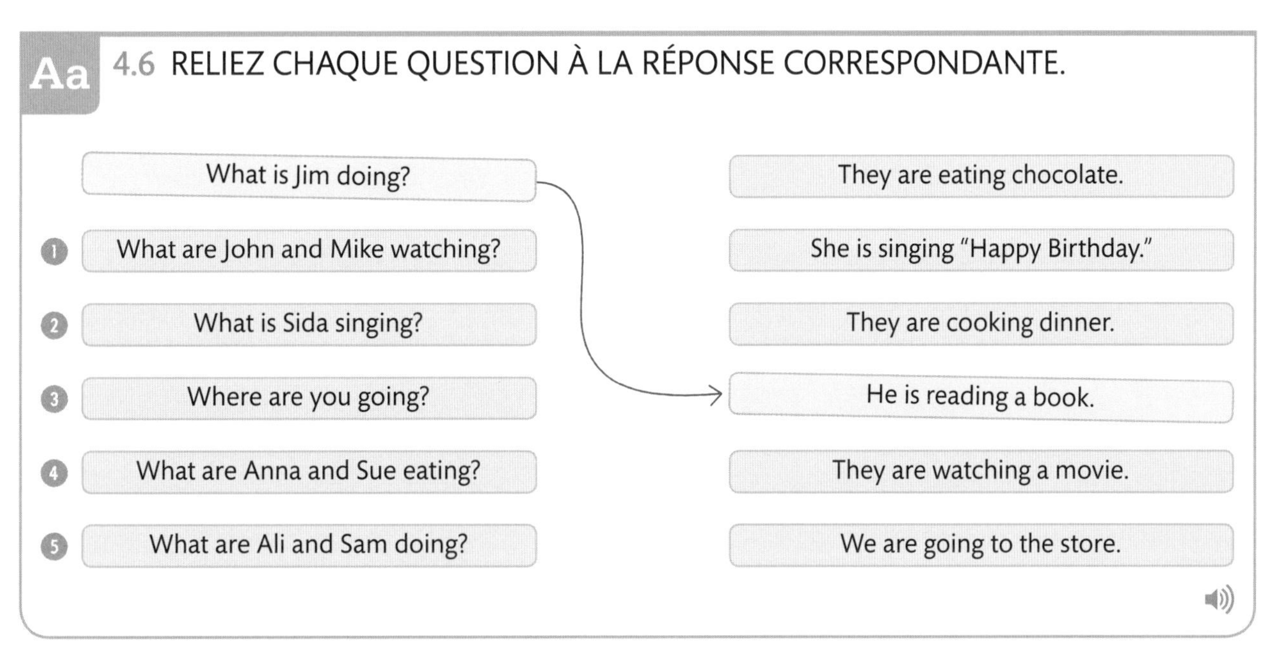

4.7 VOCABULAIRE LES GADGETS NUMÉRIQUES

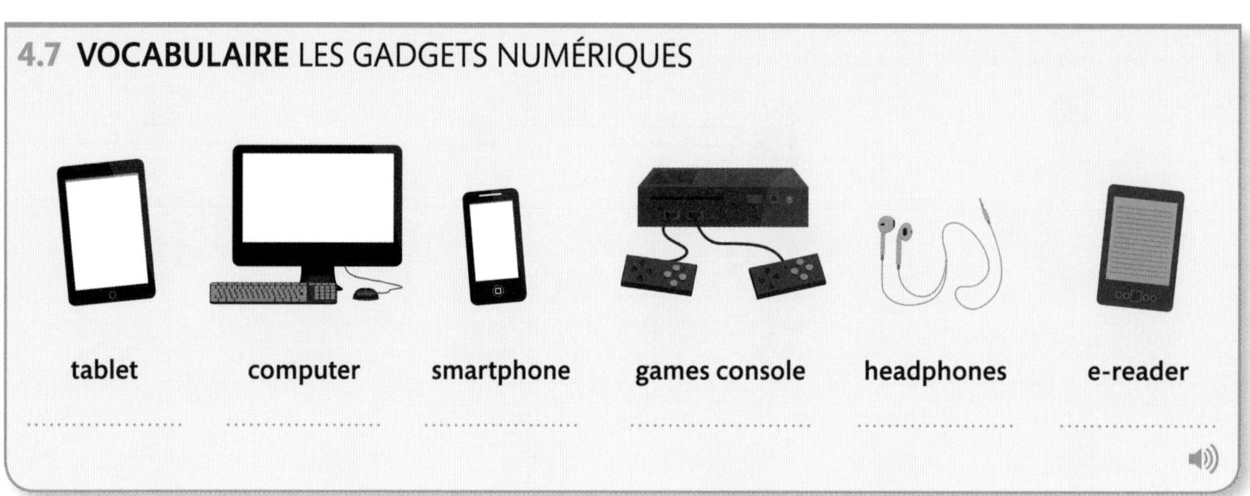

4.8 COMPLÉTEZ LES PHRASES AVEC LES VERBES DE LA LISTE.

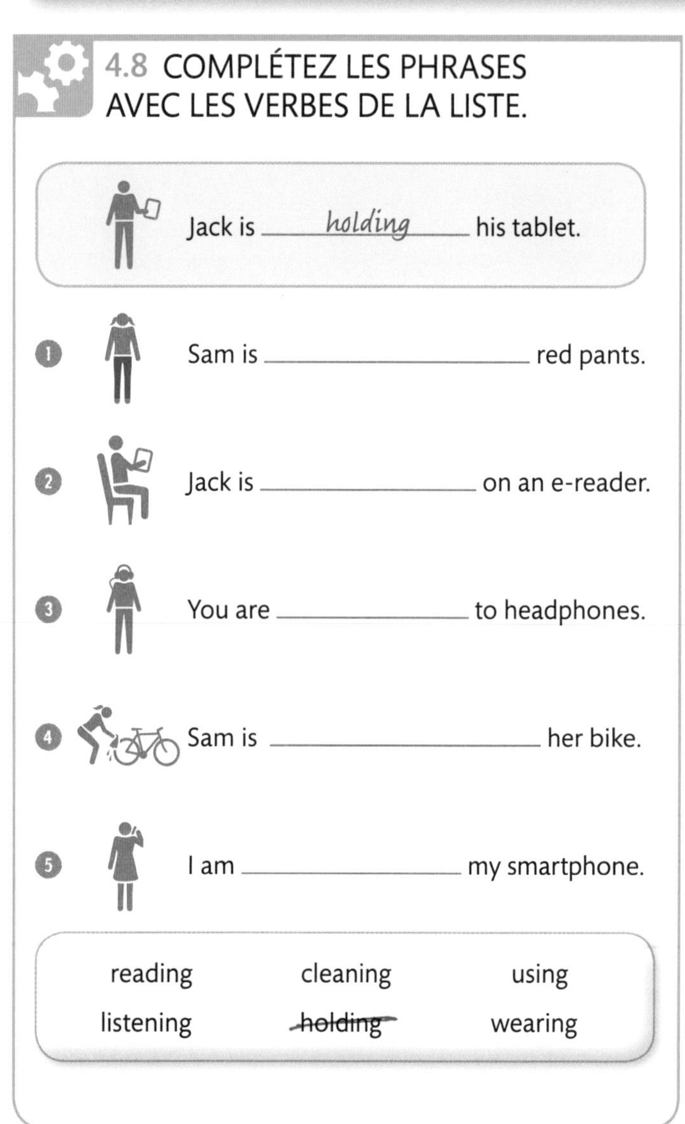

Jack is *holding* his tablet.

1. Sam is ______________ red pants.
2. Jack is ______________ on an e-reader.
3. You are ______________ to headphones.
4. Sam is ______________ her bike.
5. I am ______________ my smartphone.

reading	cleaning	using
listening	~~holding~~	wearing

4.9 ÉCOUTEZ, PUIS COCHEZ LA BONNE RÉPONSE.

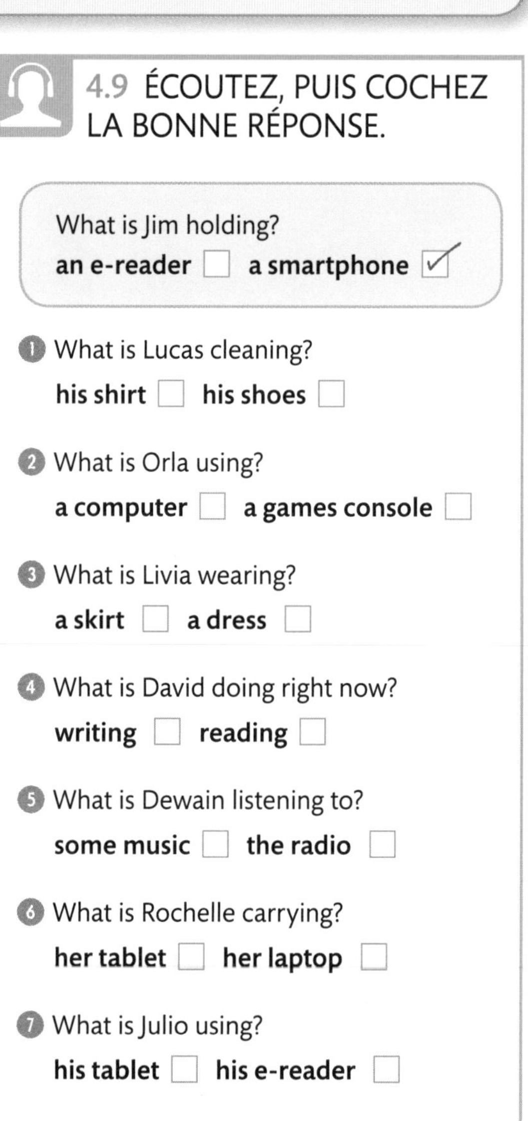

What is Jim holding?
an e-reader ☐ **a smartphone** ☑

1. What is Lucas cleaning?
   his shirt ☐ **his shoes** ☐
2. What is Orla using?
   a computer ☐ **a games console** ☐
3. What is Livia wearing?
   a skirt ☐ **a dress** ☐
4. What is David doing right now?
   writing ☐ **reading** ☐
5. What is Dewain listening to?
   some music ☐ **the radio** ☐
6. What is Rochelle carrying?
   her tablet ☐ **her laptop** ☐
7. What is Julio using?
   his tablet ☐ **his e-reader** ☐

4.10 RÉCRIVEZ LES PHRASES SUIVANTES EN CORRIGEANT LES ERREURS.

Where Lill is going?
Where is Lill going?

1. What cleaning is Kimi?
2. What is doing Jill?
3. Using what is Jack?
4. Max what is holding?
5. Is what carrying Marge?

4.11 OBSERVEZ LES IMAGES, RÉPONDEZ AUX QUESTIONS, PUIS LISEZ LES RÉPONSES À VOIX HAUTE.

What is Alvita wearing?
Alvita is wearing a green sweater.

1. Where is Emir going?

2. What are they holding?

3. What is she carrying?

04 CHECK-LIST

Le présent continu à la forme interrogative ☐ **Aa** Les activités et les gadgets ☐ Poser des questions sur le présent ☐

05 Les types de verbes

En anglais, la plupart des verbes peuvent être utilisés à la forme continue pour évoquer des actions en cours. Toutefois, certains ne peuvent pas être conjugués à la forme continue. Ce sont les verbes d'« état ».

Grammaire Les verbes d'action et d'état
Vocabulaire Les activités
Compétence Utiliser des verbes d'état

5.1 POINT CLÉ LES VERBES D'ACTION ET LES VERBES D'ÉTAT

Les verbes d'action permettent habituellement de décrire ce que des personnes ou des choses font.
Les verbes d'état permettent habituellement de décrire des choses ou de décrire ce qu'une personne ressent.

VERBE D'ACTION

Les verbes d'action peuvent être conjugués à la forme simple et à la forme continue.

VERBE D'ÉTAT

Les verbes d'état ne se conjuguent généralement pas à la forme continue.

5.2 AUTRES EXEMPLES LES VERBES D'ACTION ET LES VERBES D'ÉTAT

Dominic is eating **ice cream.**

I want **to go on vacation.**

Gayle is lying **on the couch.**

She has **two cats and a dog.**

Aa 5.3 ENTOUREZ 8 VERBES DANS LA GRILLE ET CLASSEZ-LES DANS LA BONNE COLONNE.

L O V E B I R A C S A H
T P Q A Y H E N V T Q A
R E M E M B E R D H M T
W A N T L E R E A D T E
L T B C O W D K S V X C
E E D E V T W E E E A I
L E A R N L A O E R G O

VERBES D'ACTION :	VERBES D'ÉTAT :
1 ______	1 want
2 ______	2 ______
3 ______	3 ______
4 ______	4 ______

5.4 ⚠ ERREURS COURANTES LES VERBES D'ÉTAT

On ne peut pas conjuguer les verbes d'état à la forme continue.

I want a new laptop. ✔

Les verbes d'état ne se conjuguent habituellement qu'à la forme simple.

I am wanting a new laptop. ✖

On ne peut habituellement pas conjuguer les verbes d'état à la forme continue.

5.5 RÉCRIVEZ LES PHRASES SUIVANTES EN CORRIGEANT LES ERREURS.

He is liking the book.
He likes the book.

1. I am having a big house by the ocean.
2. My sister is hating this new TV show.
3. Thomas is knowing your dad.
4. Finn is wanting a new bike.
5. I am seeing the cat and dog.

5.6 BARREZ LES MOTS INCORRECTS DANS CHAQUE PHRASE.

I want / ~~am wanting~~ some chocolate.

1. She goes / is going to the store now.

2. Fred doesn't like / isn't liking pizza.

3. I always sing / am singing in the bath.

4. He reads / is reading a book at the moment.

5. Jo remembers / 's remembering my birthday.

6. Li plays / is playing tennis at the moment.

7. We don't want / are not wanting to leave.

05 ✔ CHECK-LIST

Les verbes d'action et d'état ☐ | **Aa** Les activités ☐ |  Utiliser des verbes d'état ☐

06 Vocabulaire

6.1 LES SENTIMENTS ET LES HUMEURS

calm

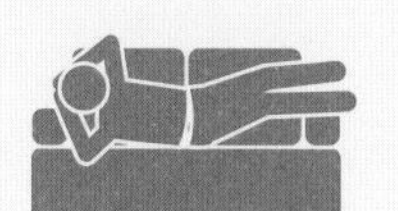

relaxed

happy

confident

proud

excited

surprised

pleased

cheerful

amused

irritated

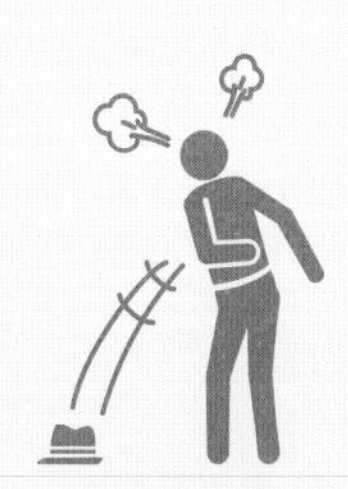

angry

annoyed

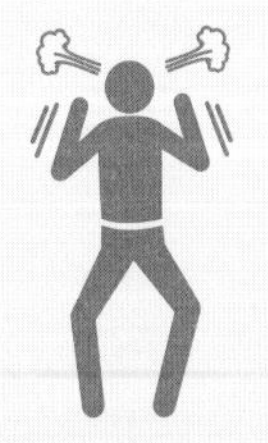

furious

sad

unhappy

worried

lonely

scared

terrified

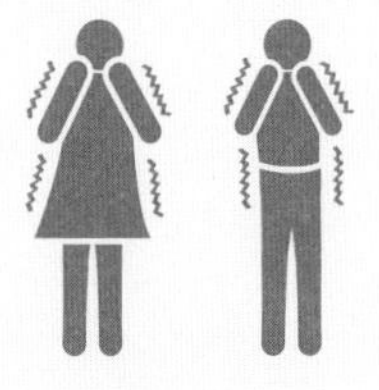
nervous

anxious

distracted

confused

disappointed

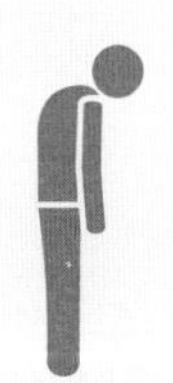
miserable

stressed

jealous

tired

bored

curious

grateful

07 Sentiments et humeurs

Il est courant de parler de ses sentiments dans les conversations quotidiennes. Utilisez pour cela le présent continu.

Grammaire Les sentiments et les émotions
Aa Vocabulaire Les adjectifs de l'émotion
Compétence Parler de ce que vous ressentez

CONSEIL
« Feel » est un verb d'état qui peut être conjugué à la form continue.

7.1 POINT CLÉ PARLER DE VOS SENTIMENTS

Vous pouvez utiliser le verbe « to be » pour parler de vos sentiments.

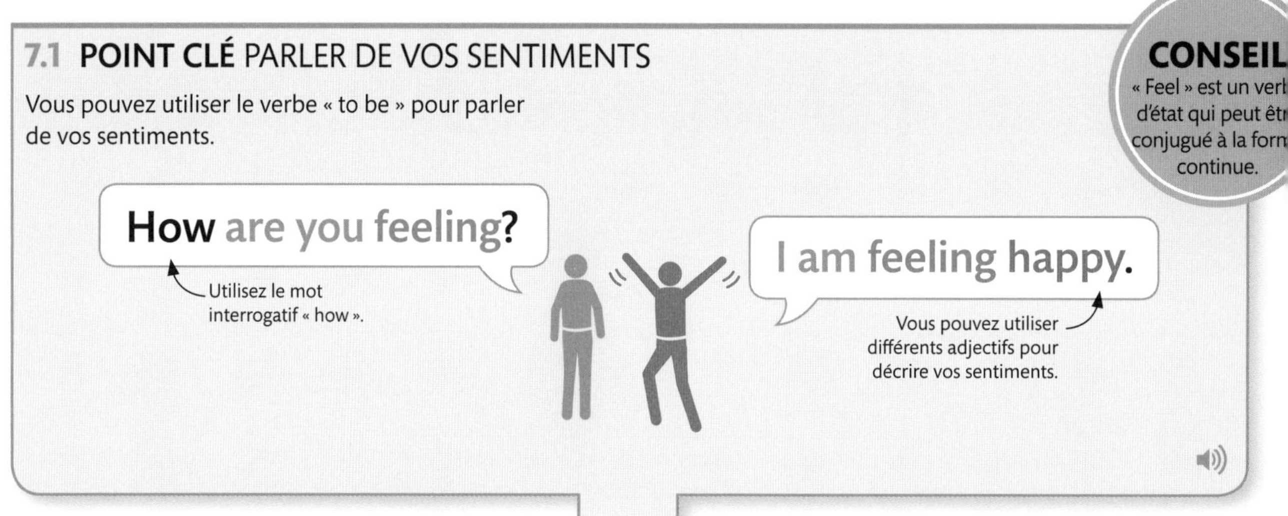

7.2 CONSTRUCTION PARLER DE VOS SENTIMENTS

7.3 AUTRES EXEMPLES PARLER DE VOS SENTIMENTS

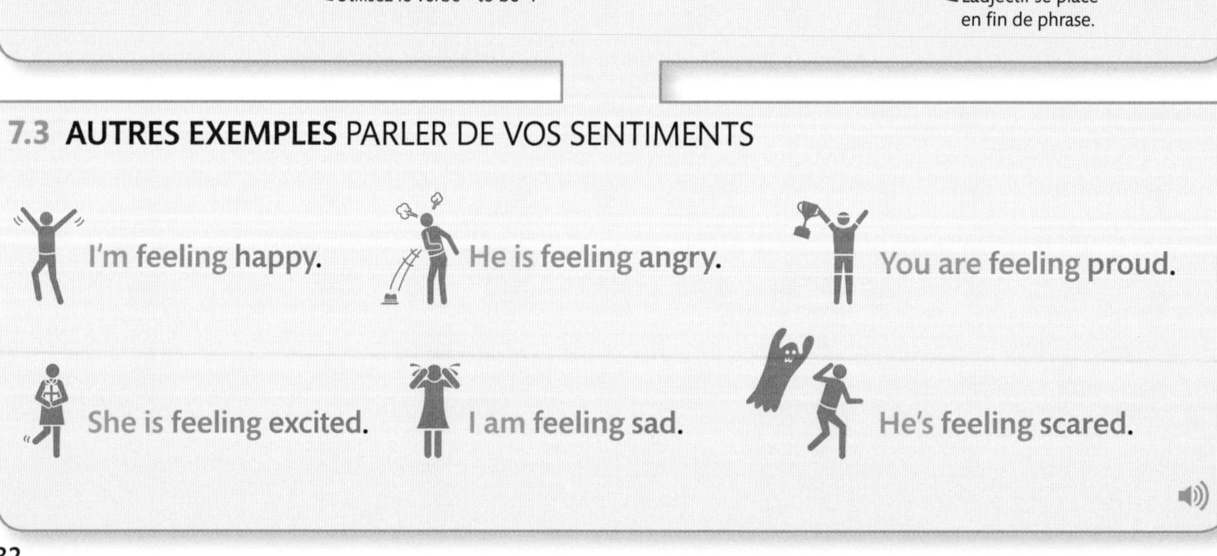

7.4 RELIEZ CHAQUE HUMEUR À SON CONTRAIRE.

7.5 COMPLÉTEZ LES PHRASES SUIVANTES.

We *are feeling* nervous.

1. Ben ______________ bored.
2. Luis ______________ irritated.
3. I ______________ sad.
4. You ______________ calm.
5. Kate and I ______________ happy.
6. Gina ______________ confident.
7. We ______________ excited.
8. I ______________ tired.

7.6 ÉCOUTEZ L'ENREGISTREMENT PUIS COCHEZ LES BONNES RÉPONSES.

Jack is feeling confident.
True ☐ **False** ☑

1. Jill is feeling happy.
   True ☐ **False** ☐
2. Sami is feeling nervous.
   True ☐ **False** ☐
3. Ian is feeling bored.
   True ☐ **False** ☐
4. Lindi is feeling annoyed.
   True ☐ **False** ☐
5. Jenny is feeling happy.
   True ☐ **False** ☐
6. Jimmi is feeling excited.
   True ☐ **False** ☐
7. Minna is feeling scared.
   True ☐ **False** ☐
8. Aziz is feeling tired.
   True ☐ **False** ☐

7.7 **DIRE AUTREMENT** PARLER DE VOS SENTIMENTS

Vous pouvez également demander à quelqu'un comment il va, sans utiliser « feeling ».

7.8 **CONSTRUCTION** PARLER DE VOS SENTIMENTS

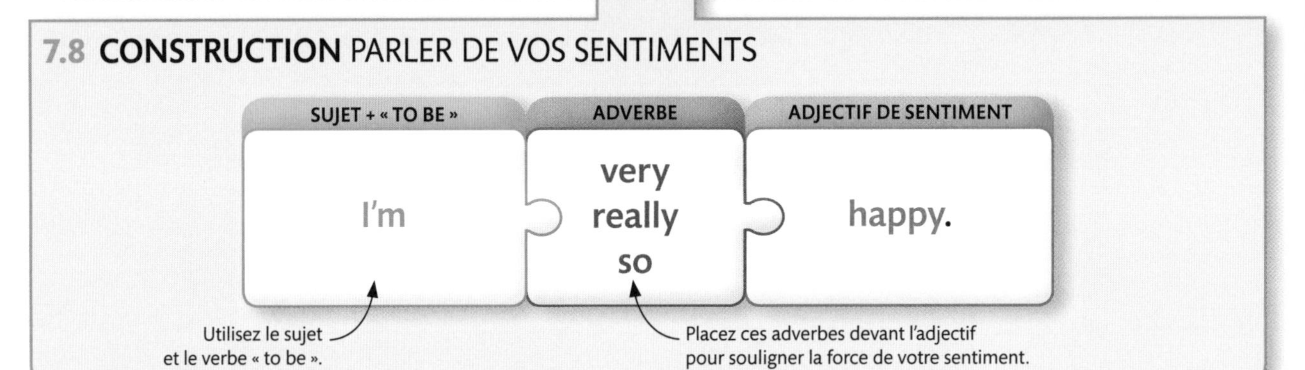

7.9 **AUTRES EXEMPLES** PARLER DE VOS SENTIMENTS

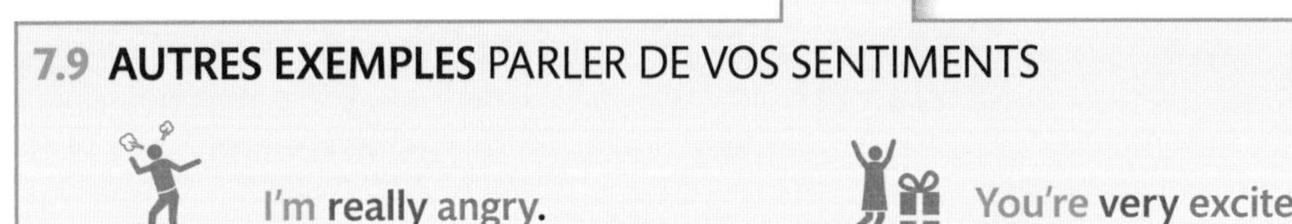

I'm **really** angry.

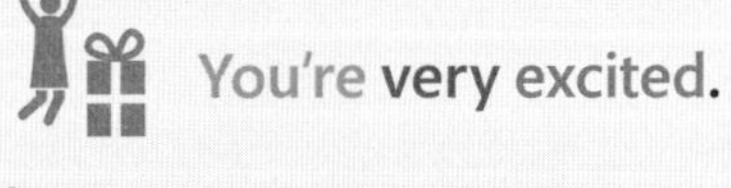

You're **very** excited.

They're **so** sad.

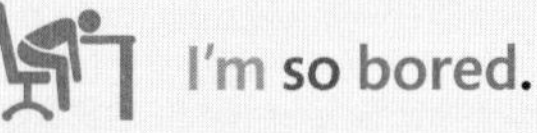

I'm **so** bored.

7.10 RÉCRIVEZ LES PHRASES EN AJOUTANT LES ADVERBES ENTRE PARENTHÈSES.

I am excited. (really)
I am really excited.

1. Joe's unhappy. (very)
____

2. Bella and Edith are sad. (really)
____

3. Lin is nervous. (very)
____

4. She is confident. (very)
____

5. They're tired. (so)
____

Aa

7.11 COMPLÉTEZ LES PHRASES AVEC LES ADJECTIFS DE LA LISTE.

I'm having a great day at the beach. All my friends are here and we're playing volleyball. I'm really ___happy___ .

1 I'm at the airport. I'm waiting for the flight. I don't have a book. There's nothing to do. I'm really ______ .

2 I'm watching a movie on TV. It's a love story. The man and his wife are in different countries. They're very ______ .

3 We're at the concert. We're waiting for my favorite band in the world to come on stage. We're at the front. I'm so ______ .

4 I'm at the supermarket. There's no milk, no butter, no flour, and no sugar. All the things that I need for the cake. I'm so ______ .

5 I'm waiting to meet my new boss. She's talking to everyone in the office. I don't know what to say to her. I'm very ______ .

sad	~~happy~~	bored	angry	excited	nervous

07 CHECK-LIST

Les Sentiments et les émotions ☐ **Aa** Les adjectifs de l'émotion ☐ Parler de ce que vous ressentez ☐

08 Vocabulaire

8.1 LES MOYENS DE TRANSPORT

car

taxi

bus

coach

plane

train

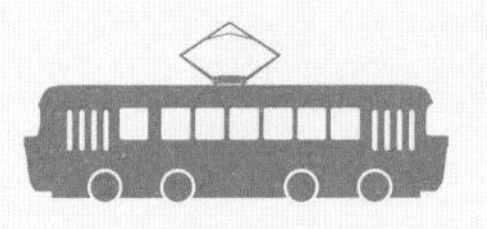

tram

motorcycle (US)
motorbike (UK)

bicycle

boat

yacht

ship

helicopter

bus stop

train station

taxi rank

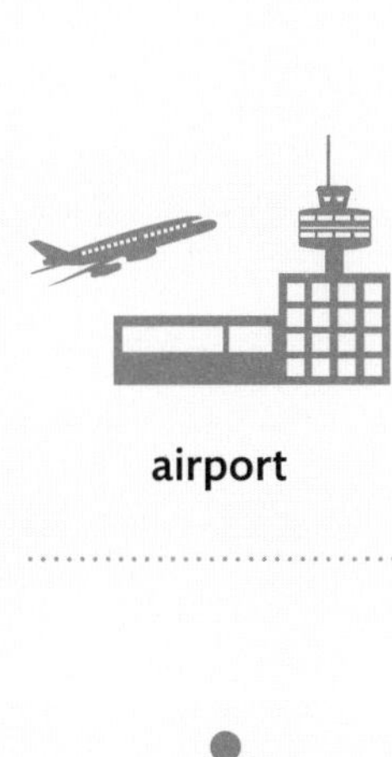

airport

port

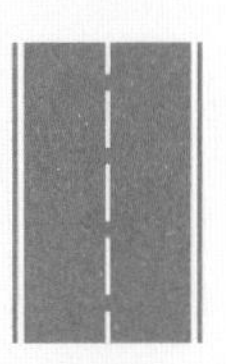

road

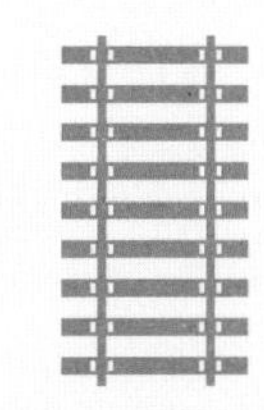

railroad tracks (US)
railway line (UK)

walk

ride a bike

fly a plane

drive a car

ticket

fare

steering wheel

tires (US)
tyres (UK)

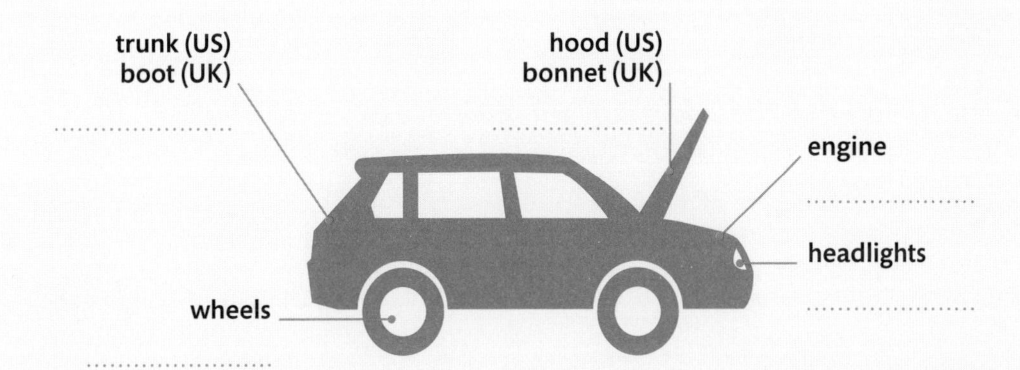

09 Les routines et les exceptions

Utilisez le présent simple pour décrire des routines, et le présent continu pour dire ce que vous êtes en train de faire. Ces deux temps sont souvent employés conjointement.

Grammaire Les exceptions
Aa Vocabulaire Les marqueurs temporels
Compétence Nuancer des routines et des exceptions

9.1 POINT CLÉ NUANCER DES ROUTINES ET DES EXCEPTIONS

Il est possible de contraster une action quotidienne avec une exception en utilisant « but ».

Le présent simple est utilisé pour décrire une action régulière.

Ceci est un marqueur temporel.

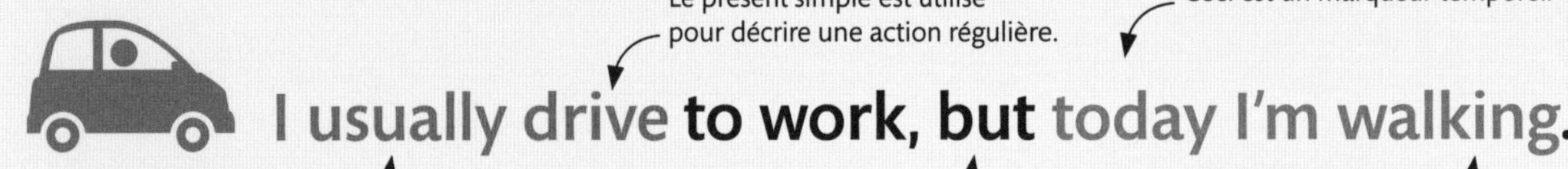

I usually drive **to work, but** today I'm walking.

Les adverbes de fréquence permettent de montrer que l'action au présent simple est habituelle.

Utilisez « but » pour nuancer des actions.

Le présent continu est utilisé pour décrire une action en cours.

9.2 CONSTRUCTION NUANCER DES ROUTINES ET DES EXCEPTION

SUJET	ADVERBE DE FRÉQUENCE	VERBE	« BUT »	MARQUEUR TEMPOREL	PRÉSENT CONTINU
I	usually mostly often	drive,	but	right now today tonight	I'm walking.

9.3 AUTRES EXEMPLES NUANCER DES ROUTINES ET DES EXCEPTIONS

I often stay **at home on the weekends, but** today I'm shopping **in town.**

They usually go **to the gym after work, but** tonight they're going **to the movies.**

Tonight, we're celebrating **my birthday, but** normally we don't eat **out.**

Vous pouvez placer l'exception en premier.

9.4 CONJUGUEZ LES VERBES ENTRE PARENTHÈSES AU TEMPS QUI CONVIENT.

Ben usually *sings* (sing) in the school band, but today he *is playing* (play) the guitar.

1. Sarah and I normally ____________ (play) tennis on Wednesdays, but today we ____________ (swim).
2. Today, I ____________ (have) soup for lunch, but I usually ____________ (have) a sandwich.
3. We often ____________ (watch) TV in the evenings, but tonight we ____________ (have) a party.
4. Ben and Tom usually ____________ (work) until 6pm, but tonight they ____________ (work) until 9pm.
5. Melanie ____________ (ski) in France this winter, but she normally ____________ (go) to Italy.
6. Today, you are ____________ (drink) water, but you often ____________ (have) coffee after lunch.

9.5 VOCABULAIRE LES MARQUEURS TEMPORELS

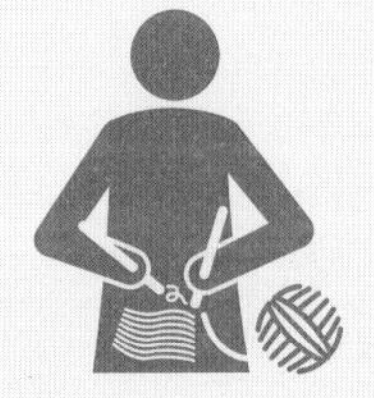

At the moment, **I'm knitting.**

....

I'm leaving right now.

....

I'm in a meeting this morning.

....

This afternoon, **we're shopping.**

....

Today, **I'm on vacation.**

....

They're seeing a play tonight.

....

9.6 LISEZ LES MESSAGES, PUIS COMPLÉTEZ LES PHRASES EN UTILISANT LE PRÉSENT CONTINU.

Chrissy *is watching a movie* .

1. Denzel ______________________ .
2. Selma ______________________ .
3. Marlow ______________________ .
4. Roxy ______________________ .
4. Rainey ______________________ .
6. Malala ______________________ .
7. Altan ______________________ .

Chrissy Hi everyone! I'm not studying this evening. I'm watching a movie with friends. What are you up to?

Denzel Hi! I'm seeing a show tonight. Selma was supposed to come too, but she's doing her project instead.

Marlow Hey! I'm playing hockey in the park at the moment. Can you come and play, Roxy? How about you, Rainey?

Roxy Sorry Marlow, I can't play hockey because I'm making dinner for my parents right now.

Teenie Rainey is eating with friends tonight, Marlow. But I'm bringing my hockey kit to the park right now.

Malala I'm having coffee at the moment. Altan is taking a break from work, so he's here too.

9.7 ÉCOUTEZ L'ENREGISTREMENT, PUIS COCHEZ LES ACTIVITÉS QUI CONSTITUENT UNE EXCEPTION.

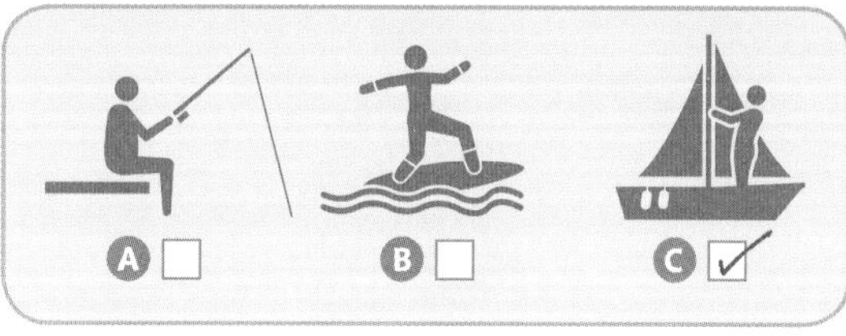

A ☐ B ☐ C ☑

1. 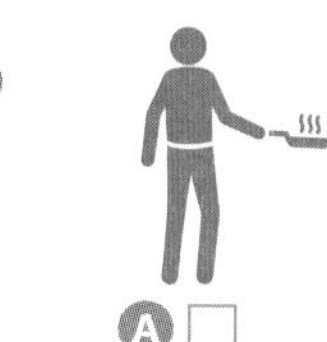 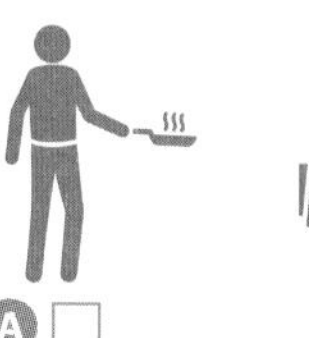  

A ☐ B ☐ C ☐

2.   

A ☐ B ☐ C ☐

3.     

A ☐ B ☐ C ☐

9.8 ÉCRIVEZ LES VERBES ENTRE PARENTHÈSES EN CHOISISSANT LA FORME CORRECTE DU PRÉSENT, PUIS LISEZ LES PHRASES À VOIX HAUTE.

Phil usually *runs* (run), but today *he is cycling* (cycle).

1. Sally usually ______ (swim), but right now ______ (play) soccer.
2. Abe normally ______ (read), but tonight ______ (listen) to music.
3. They often ______ (play) golf, but today ______ (play) hockey.
4. I usually ______ (take) a shower, but today ______ (take) a bath.

09 CHECK-LIST

Les exceptions ☐ **Aa** Les marqueurs temporels ☐ Nuancer des routines et des exceptions ☐

BILAN L'ANGLAIS QUE VOUS AVEZ APPRIS DANS LES CHAPITRES 01-09

NOUVEAU POINT LINGUISTIQUE	EXEMPLE TYPE	☑	CHAPITRE
PARLER DE VOUS ET DE VOTRE ROUTINE QUOTIDIENNE	I am **Noah.** I'm **25 years old.** I eat **lunch at 1pm every day.**	☐	1.1, 2.1
LE PRÉSENT CONTINU	She is wearing **a red dress.**	☐	3.1
LE PRÉSENT CONTINU À LA FORME INTERROGATIVE	**What** is he **doing?**	☐	4.1
LES VERBES D'ACTION ET LES VERBES D'ÉTAT	I am reading **a book.** I love **books.**	☐	5.1
PARLER DE SES SENTIMENTS	How are you **feeling?** I am **feeling** happy.	☐	7.1
LES ROUTINES ET LES EXCEPTIONS	I usually drive **to work, but** today I'm walking.	☐	9.1

10 Vocabulaire

10.1 LES PARTIES DU CORPS

head ....

hair ....

face ....

neck ....

cheek ....

chin ....

shoulders ....

ear ....

eye ....

eyebrow ....

eyelashes ....

nose ....

mouth ....

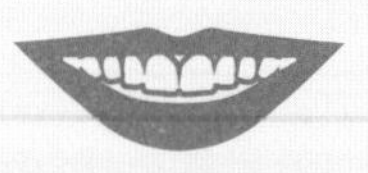

lips ....

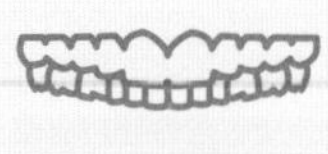

teeth ....

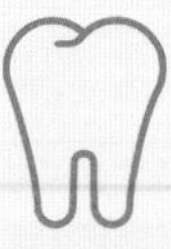

tooth ....

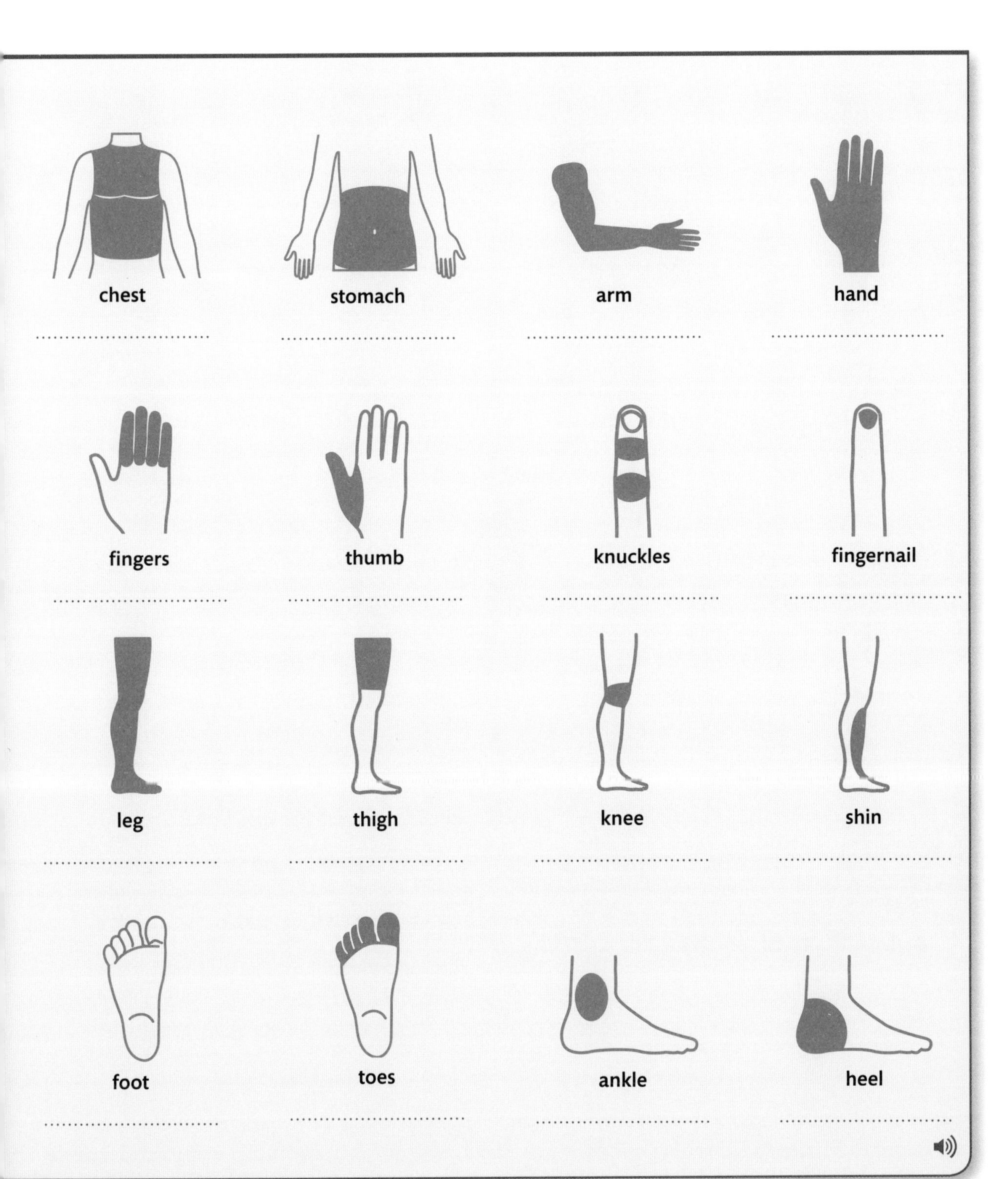
chest
stomach
arm
hand
fingers
thumb
knuckles
fingernail
leg
thigh
knee
shin
foot
toes
ankle
heel

11 Dire ce qui ne va pas

Vous pouvez dire que vous ne vous sentez pas bien de différentes manières : avec la forme négative, l'expression « not well » (pour parler de maladies générales) et « hurt », « ache » ou « pain » (pour parler d'un problème spécifique).

Grammaire Les problèmes de santé
Vocabulaire Les parties du corps et la douleur
Compétence Dire ce qui ne va pas

11.1 POINT CLÉ DIRE QUE VOUS NE VOUS SENTEZ PAS BIEN

Pour dire ce qui ne va pas, utilisez le verbe « to be » avec « well », « sick » ou « ill ». Vous pouvez également utiliser « to be » avec « feeling » et un adverbe pour indiquer qu'un problème persiste et expliquer la gravité de celui-ci.

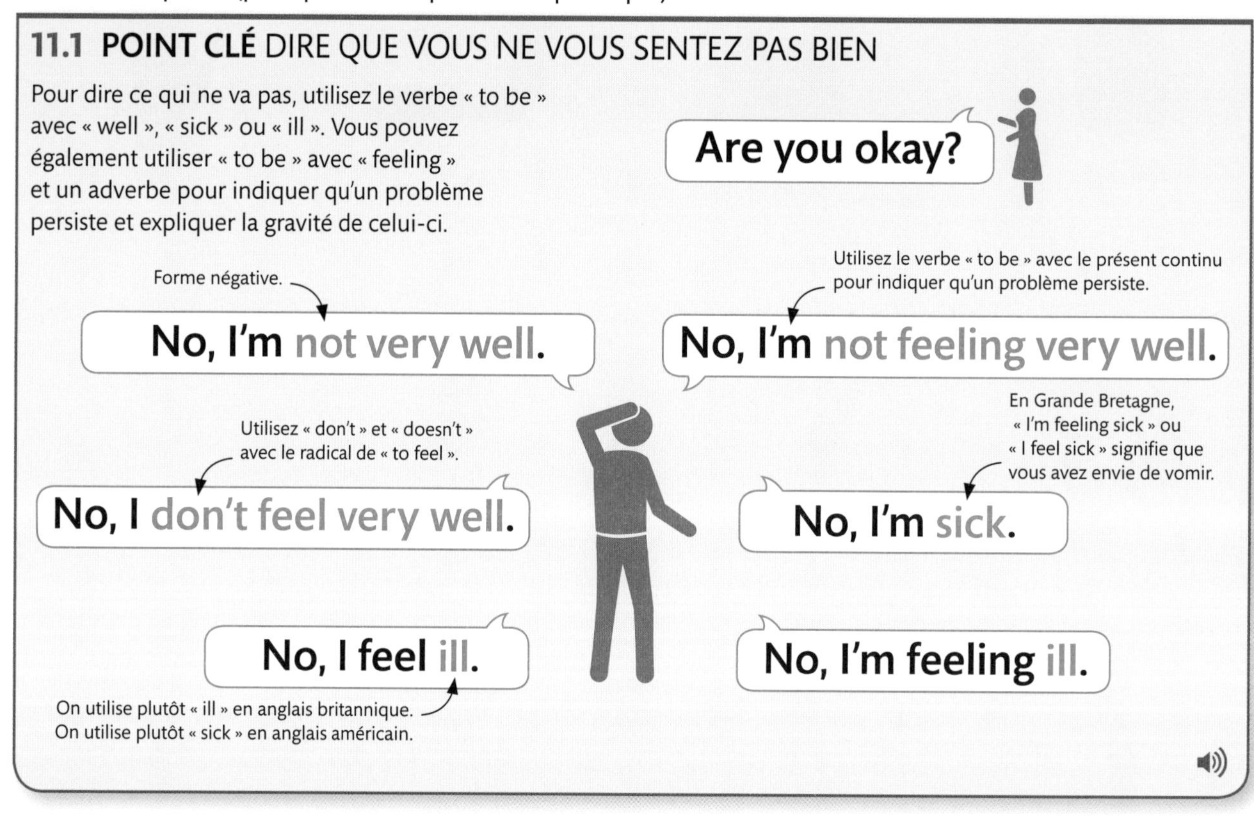

11.2 RÉCRIVEZ LES PHRASES SUIVANTES EN CORRIGEANT LES ERREURS.

Hilary not feeling well. She's at the doctor.
Hilary's not feeling well. She's at the doctor.

1. My brother isn't **feel** very well this morning.
2. George **are** sick, so he's staying in bed today.
3. I **is** sick, so I'm not going to work.
4. Ayshah **doesn't** feeling well, so she's going home.
5. Luca and Ben **isn't** feeling well today.

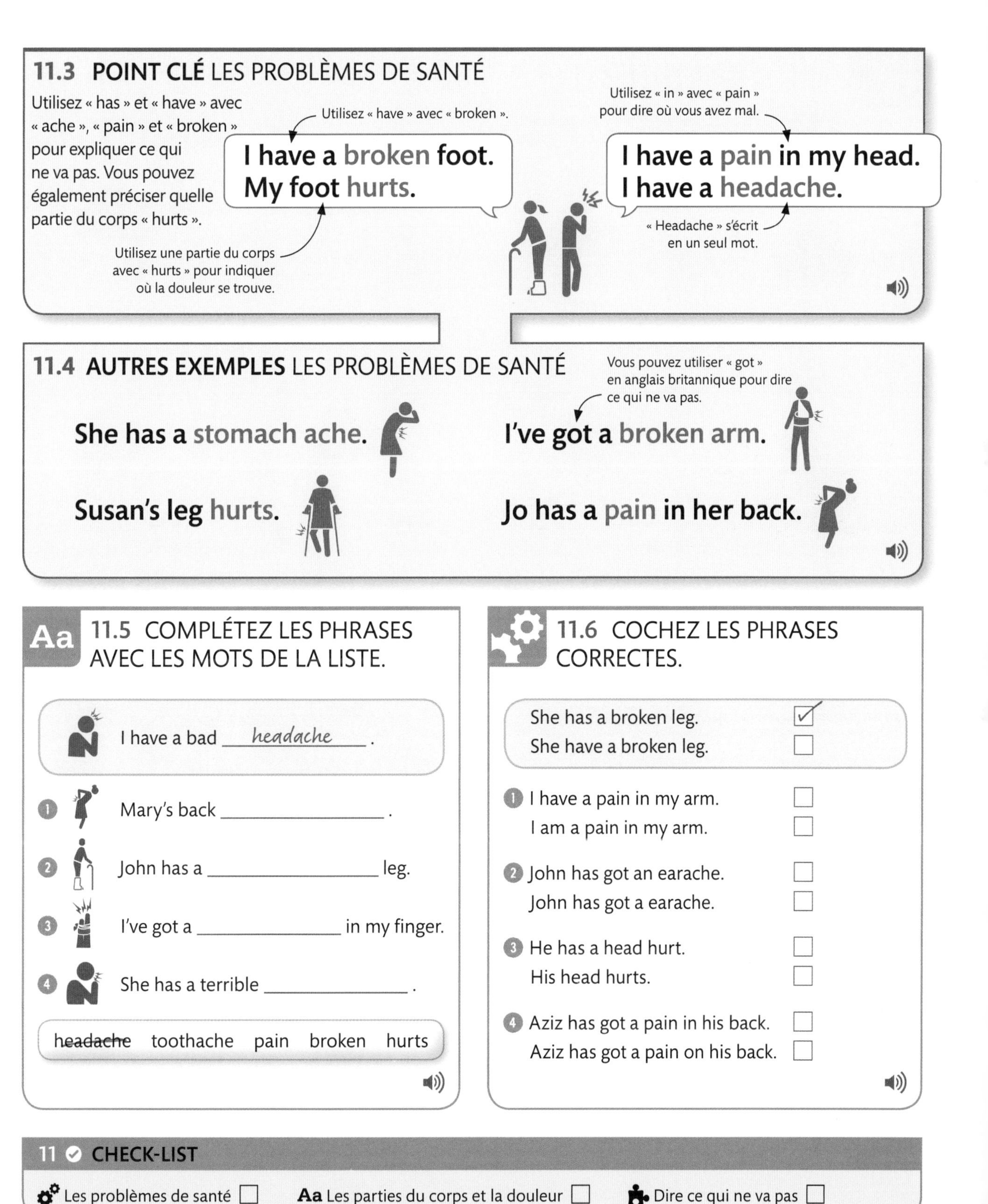

11.3 **POINT CLÉ** LES PROBLÈMES DE SANTÉ

Utilisez « has » et « have » avec « ache », « pain » et « broken » pour expliquer ce qui ne va pas. Vous pouvez également préciser quelle partie du corps « hurts ».

Utilisez « have » avec « broken ».

I have a broken foot.
My foot hurts.

Utilisez une partie du corps avec « hurts » pour indiquer où la douleur se trouve.

Utilisez « in » avec « pain » pour dire où vous avez mal.

I have a pain in my head.
I have a headache.

« Headache » s'écrit en un seul mot.

11.4 **AUTRES EXEMPLES** LES PROBLÈMES DE SANTÉ

Vous pouvez utiliser « got » en anglais britannique pour dire ce qui ne va pas.

She has a stomach ache.

I've got a broken arm.

Susan's leg hurts.

Jo has a pain in her back.

Aa 11.5 COMPLÉTEZ LES PHRASES AVEC LES MOTS DE LA LISTE.

I have a bad *headache* .

1. Mary's back ________________ .
2. John has a ________________ leg.
3. I've got a ________________ in my finger.
4. She has a terrible ________________ .

~~headache~~ toothache pain broken hurts

11.6 COCHEZ LES PHRASES CORRECTES.

She has a broken leg. ☑
She have a broken leg. ☐

1. I have a pain in my arm. ☐
   I am a pain in my arm. ☐
2. John has got an earache. ☐
   John has got a earache. ☐
3. He has a head hurt. ☐
   His head hurts. ☐
4. Aziz has got a pain in his back. ☐
   Aziz has got a pain on his back. ☐

11 CHECK-LIST

Les problèmes de santé ☐ **Aa** Les parties du corps et la douleur ☐ Dire ce qui ne va pas ☐

12 Vocabulaire

12.1 LE TEMPS QU'IL FAIT

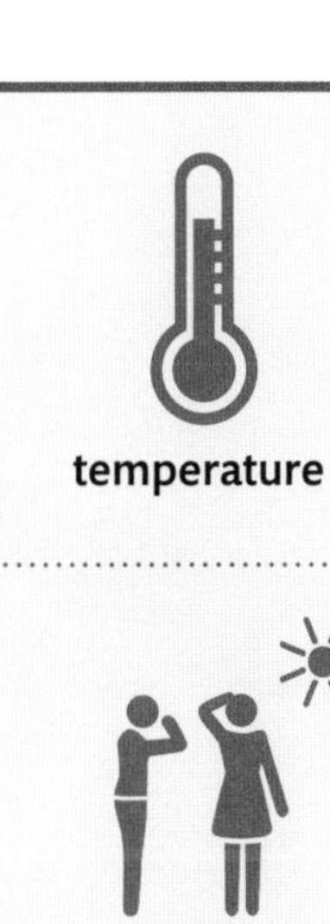

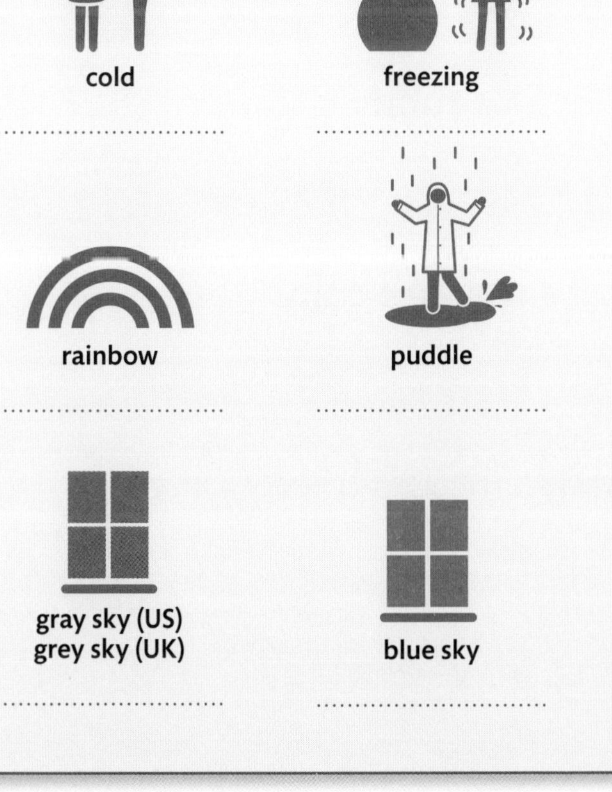

temperature

warm

hot

boiling

cold

freezing

rainbow

puddle

gray sky (US)
grey sky (UK)

blue sky

12.2 LA MÉTÉO

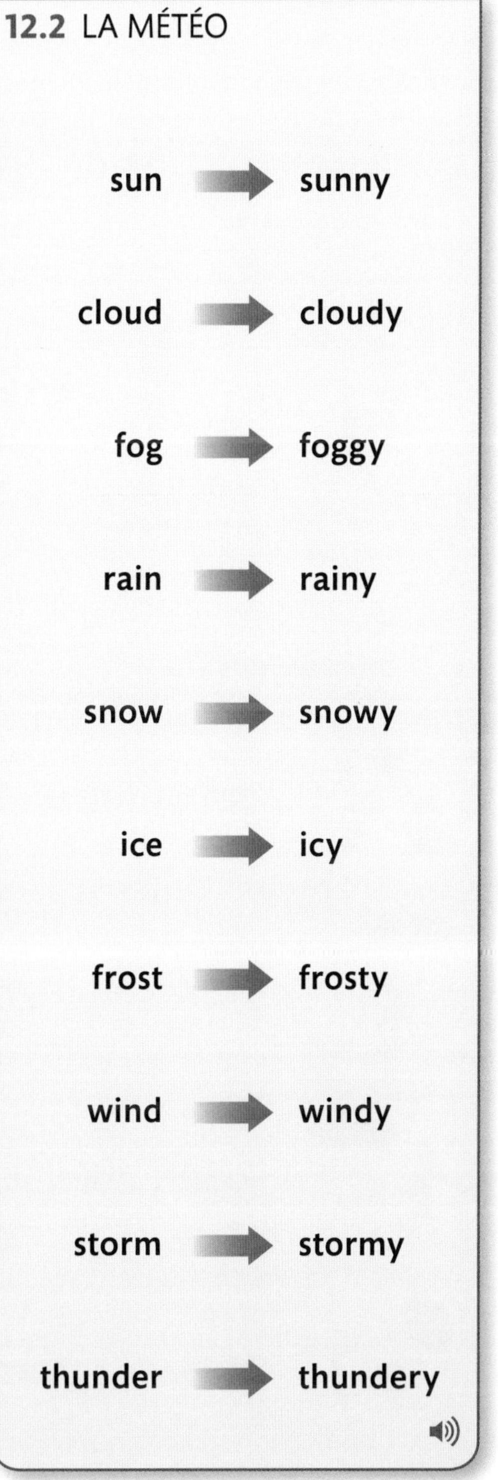

sun → sunny

cloud → cloudy

fog → foggy

rain → rainy

snow → snowy

ice → icy

frost → frosty

wind → windy

storm → stormy

thunder → thundery

13 Parler du temps qu'il fait

Il existe différentes manières de parler du temps qu'il fait. Utilisez le verbe « to be » avec des mots et expressions liés au temps pour indiquer la température et les conditions météorologiques.

Grammaire Les descriptions météorologiques
Vocabulaire Les mots liés à la température
Compétence Parler du temps qu'il fait

13.1 POINT CLÉ PARLER DU TEMPS QU'IL FAIT

Pour demander le temps qu'il fait, dites : « What's the weather like ? » Pour répondre, utilisez le verbe « to be » avec le mot (ou l'expression) approprié(e).

« Like » est ici une préposition, et non un verbe comme dans « I like music ».

What's the weather like?

Okay, but there are a lot of clouds. It's cloudy.

Utilisez « a lot of » avec un nom pour indiquer un ciel très nuageux.

13.2 AUTRES EXEMPLES PARLER DU TEMPS QU'IL FAIT

Beautiful! It's really hot and sunny.

Horrible! It's raining. It's wet and cold.

Utilisez le présent continu pour parler du temps qu'il fait au moment où vous parlez.

Really cold. It's snowing a lot and it's very icy.

There's a storm coming. It's very windy.

13.3 RELIEZ CHAQUE IMAGE À LA PHRASE CORRESPONDANTE.

This is a beautiful place, but I really want it to be sunny. It's dark and cloudy all the time.

The weather's good, and it's windy today, so we're going sailing with Sue and Louis.

The weather is beautiful here. It's hot and sunny, and I'm having a great time.

There's a lot of snow, so the children are having a great time. They want to learn how to ski.

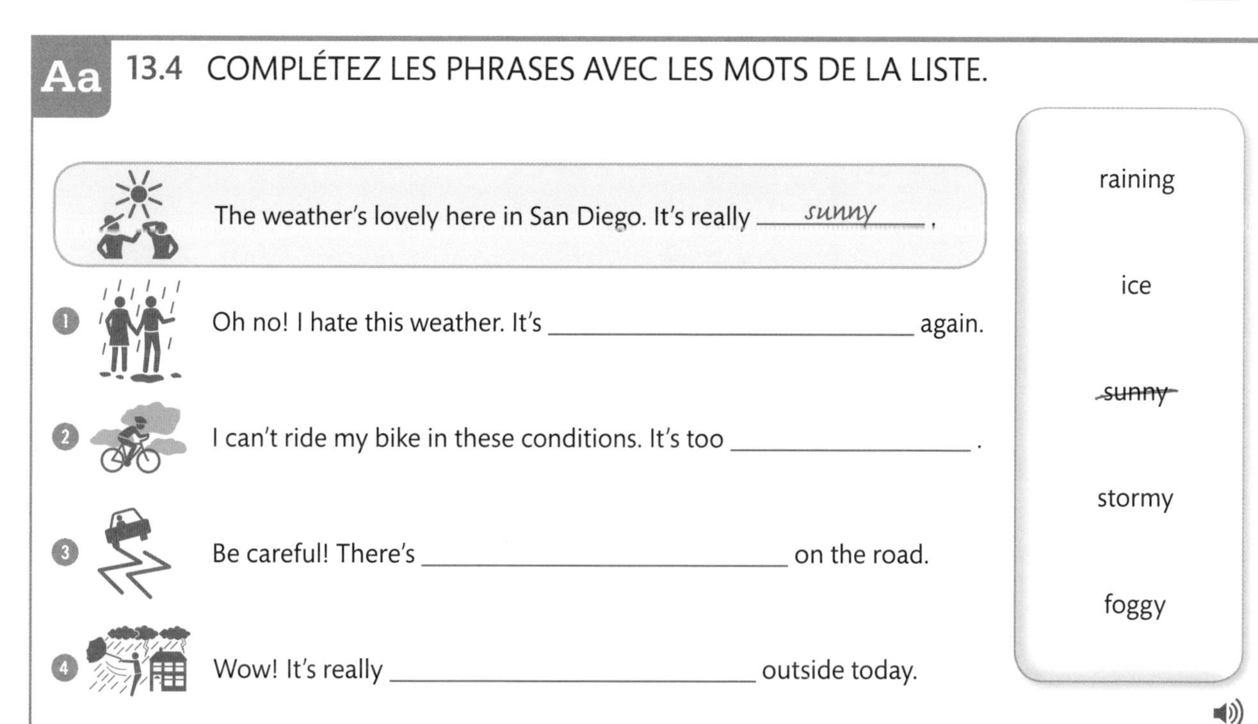

13.4 COMPLÉTEZ LES PHRASES AVEC LES MOTS DE LA LISTE.

The weather's lovely here in San Diego. It's really *sunny*.

1. Oh no! I hate this weather. It's ______________ again.
2. I can't ride my bike in these conditions. It's too ______________ .
3. Be careful! There's ______________ on the road.
4. Wow! It's really ______________ outside today.

raining
ice
~~sunny~~
stormy
foggy

13.5 POINT CLÉ LA TEMPÉRATURE

Les températures peuvent être données en « Fahrenheit (F°) » ou en « Celsius (C°) ». En anglais parlé, utilisez le verbe « to be » avec une expression de température pour dire s'il fait chaud ou froid.

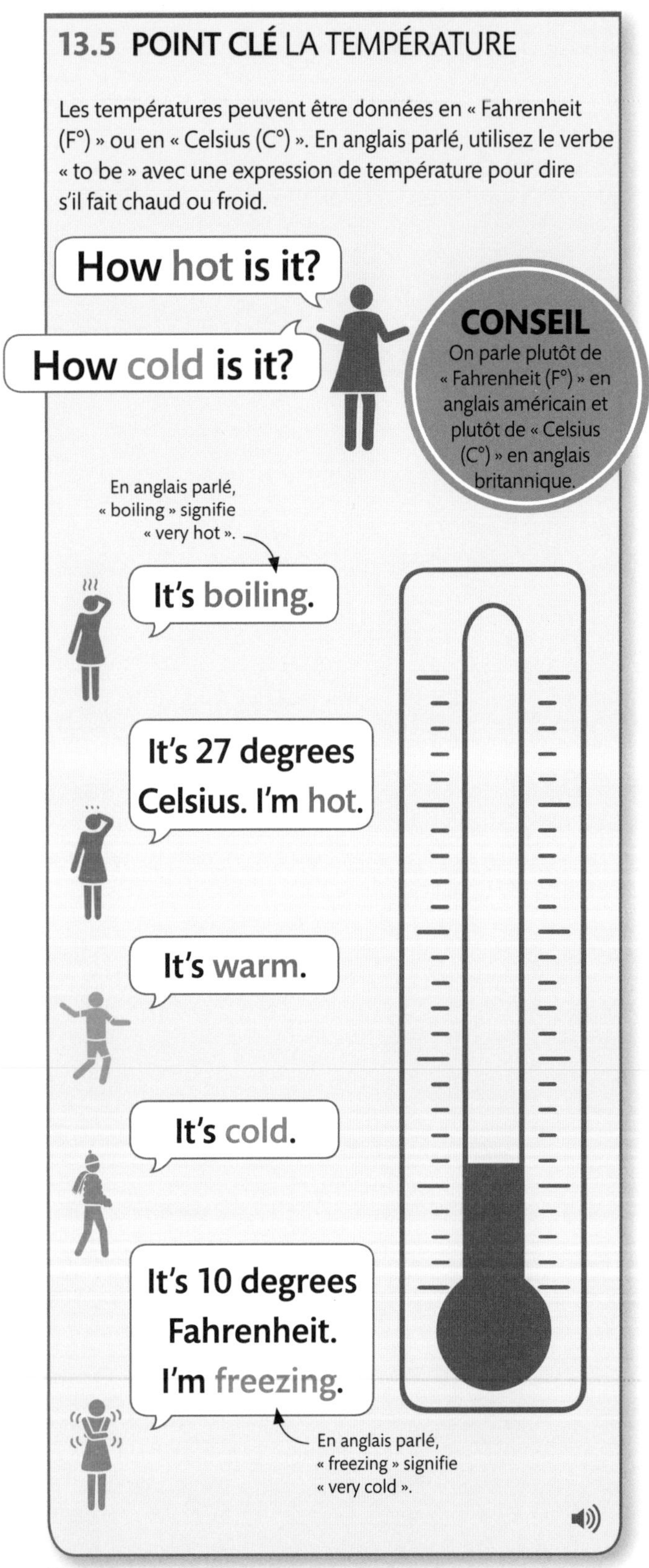

13.6 COMPLÉTEZ LES PHRASES AVEC LES MOTS DE LA LISTE, PUIS REPORTEZ-LES DANS LA GRILLE.

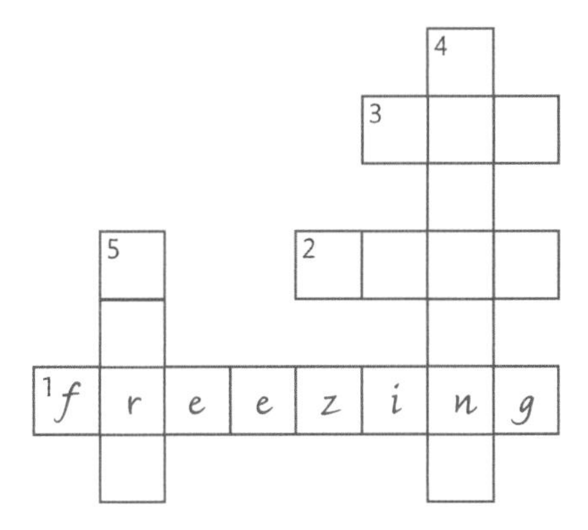

ACROSS

1. It's very cold outside. The temperature is 5°F at the moment, and I'm *freezing*.

2. I'm really ______________. Can we have the heating on tonight?

3. Sandra says it's ______________ in France today. It's more than 85°F.

DOWN

4. The sun is out and its 115°F in Turkey today. It's ______________.

5. It's ______________ outside today. Everyone's wearing T-shirts.

~~freezing~~ hot warm boiling cold

13.7 ÉCOUTEZ L'ENREGISTREMENT, PUIS COCHEZ LA BONNE RÉPONSE.

Un animateur radio décrit la météo en Amérique du Nord.

Where is it 72 degrees Fahrenheit?
Kansas ☐ **Boston** ☐ **Denver** ☑

1. What is the temperature in Calgary?
   52°F ☐ **55°F** ☐ **60°F** ☐
2. Where is there a storm at the moment?
   San Francisco ☐ **Seattle** ☐ **Portland** ☐
3. Where is there snow today?
   Vancouver ☐ **Edmonton** ☐ **Anchorage** ☐
4. Where are there no clouds?
   Phoenix ☐ **Houston** ☐ **Dallas** ☐

13.8 RÉCRIVEZ LA PHRASE DIFFÉREMMENT.

There's a lot of fog.
It's very foggy.

1. It's very icy.
   ____
2. There's a lot of wind.
   ____
3. There's a lot of rain.
   ____
4. The sun is shining.
   ____
5. It's very cloudy.
   ____

13 CHECK-LIST

Descriptions météorologiques ☐ **Aa** Les mots liés à la température ☐ Parler du temps qu'il fait ☐

BILAN L'ANGLAIS QUE VOUS AVEZ APPRIS DANS LES CHAPITRES 11-13

NOUVEAU POINT LINGUISTIQUE	EXEMPLE TYPE	☑	CHAPITRE
DIRE CE QUI NE VA PAS	Are you okay? No, I'm not feeling very well.	☐	11.1
LES PROBLÈMES DE SANTÉ	I have a broken foot. My foot hurts. I have a pain in my head. I have a headache.	☐	11.3, 11.4
PARLER DU TEMPS QU'IL FAIT	What's the weather like? Okay, but there are a lot of clouds. It's cloudy.	☐	13.1, 13.2
DIRE LA TEMPÉRATURE	It's 27 degrees celsius. It's 10 degrees fahrenheit.	☐	13.5
LES EXPRESSIONS POUR DÉCRIRE LA TEMPÉRATURE	How hot is it? It's boiling. How cold is it. It's freezing.	☐	13.5

14 Vocabulaire

14.1 VOYAGER

late

on time

pack your bags

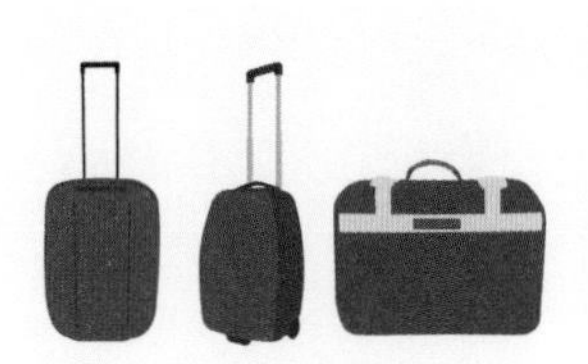
luggage

arrive at the airport

terminal

check-in

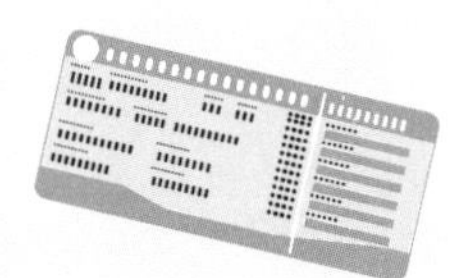
boarding card

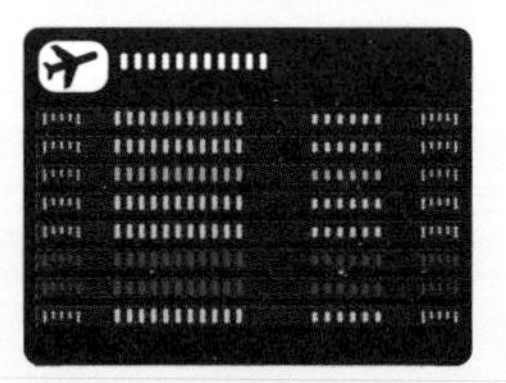
flight

hand luggage

security

delay

board a plane

fly in a plane

land at the airport

passport control

miss a flight

runway

set off on a journey

road trip

visit a museum

go sightseeing

get on a bus

get off a bus

hotel

apartment

hostel

cruise

arrive at a hotel

reception

stay in a hotel

leave a hotel

15 Comparer

On emploie les adjectifs comparatifs pour comparer deux noms. Utilisez-les devant le mot « than » pour comparer des gens, des lieux ou des choses.

Grammaire Les adjectifs comparatifs
Aa Vocabulaire Les voyages et les pays
Compétence Comparer

15.1 POINT CLÉ LES ADJECTIFS COMPARATIFS

Avec les adjectifs de 1 ou 2 syllabes, ajoutez « -er » pour former le comparatif.

Greece is warm.

Greece is warmer than France.

Ajoutez « -er » pour former le comparatif.

Utilisez « than » après l'adjectif comparatif.

15.2 AUTRES EXEMPLES LES ADJECTIFS COMPARATIFS

Ahmed is taller than Jonathan.

A plane is faster than a train.

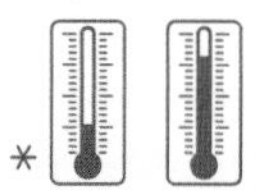

5°F is colder than 85°F.

Sanjay is younger than Tina.

15.3 POINT CLÉ CONSTRUCTION DES COMPARATIFS

Il existe des règles particulières pour les adjectifs se terminant par « -e », « -y » ou par 1 seule consonne.

fast

faster

Ajoutez « -er » à la plupart des adjectifs de 1 ou 2 syllabes.

close

closer

Si l'adjectif se termine par « -e », ajoutez simplement « -r ».

early

earlier

Pour certains adjectifs se terminant par « -y », ôtez le « -y » et remplacez-le par « -ier ».

big

bigger

Pour les adjectifs de 1 syllabe se terminant par consonne-voyelle-consonne, doublez la lettre finale et ajoutez « -er ».

15.4 COMPLÉTEZ LES PHRASES AVEC LES MOTS DE LA LISTE.

The *red* suitcase is bigger than the *blue* suitcase.

1. An ______________ is larger than a ______________ .
2. ______________ o'clock is earlier than ______________ o'clock.
3. ______________ is colder than ______________ .
4. A ______________ is smaller than a ______________ .

~~red~~ seven coffee mouse ~~blue~~ three cat elephant ice cream lion

15.5 ENTOUREZ 9 COMPARATIFS DANS LA GRILLE PUIS ÉCRIVEZ-LES À CÔTÉ DE L'ADJECTIF CORRESPONDANT.

E	R	P	W	T	I	E	V	E	H	C	L
H	V	K	K	R	K	N	I	A	I	F	O
O	H	M	E	A	S	I	E	R	G	V	W
T	L	A	T	E	R	C	Y	L	H	F	E
T	Y	T	X	E	L	I	C	I	E	Q	R
E	F	L	A	R	G	E	R	E	R	L	T
R	K	T	H	I	N	N	E	R	E	V	K
J	A	K	I	O	H	M	R	N	P	L	Q
G	D	H	B	C	L	O	S	E	R	E	D

thin = *thinner*

1. low = ______________
2. high = ______________
3. large = ______________
4. late = ______________
5. easy = ______________
6. early = ______________
7. hot = ______________
8. close = ______________

15.6 POINT CLÉ LE COMPARATIF AVEC LES ADJECTIFS LONGS

Avec certains adjectifs de 2 syllabes et avec les adjectifs de 3 syllabes ou plus, utilisez « more » et « than » pour former le comparatif.

This beach is beautiful.

L'adjectif « beautiful » a 3 syllabes. Il faut donc dire « more beautiful than ».

This beach is more beautiful than that one.

Utilisez « more » devant l'adjectif.

Utilisez « than » après l'adjectif.

15.7 CONSTRUCTION LE COMPARATIF AVEC LES ADJECTIFS LONGS

SUJET + VERBE	« MORE »	ADJECTIF	« THAN »	RESTE DE LA PHRASE
This beach is	more	beautiful	than	that one.

15.8 AUTRES EXEMPLES LE COMPARATIF AVEC LES ADJECTIFS LONGS

Surfing is more exciting than going to the gym.

Flying is more expensive than traveling by car.

This book is more interesting than that one.

For me, science is more difficult than history.

15.9 COMPLÉTEZ LES PHRASES AVEC LE COMPARATIF QUI CONVIENT.

This movie is really exciting. It's *more exciting than* the book.

1. The Hotel Supreme is very expensive. It's ______________________ the Motel Excelsior.
2. The physics exam is really difficult. It's ______________________ the biology exam.
3. Your dress is very beautiful. It's ______________________ my dress.
4. This TV program is really interesting. It's ______________________ the other ones.

15.10 FORMEZ LE COMPARATIF DES ADJECTIFS ENTRE PARENTHÈSES.

The balloon is *lighter than* (light) the birthday cake.

1. This laptop is ______________________ (expensive) this phone.
2. Seven o'clock is ______________________ (late) three o'clock.
3. A game of chess is ______________________ (difficult) a game of cards.
4. A horse is ______________________ (big) a rabbit.

15.11 ÉCOUTEZ, PUIS COCHEZ LA BONNE RÉPONSE.

Selma et Joe discutent de l'endroit où ils pourraient aller en vacances.

Costa Rica is hotter than the Bahamas.
True ☑ **False** ☐

1. The Bahamas is easier to fly to than Costa Rica.
   True ☐ **False** ☐
2. The Bahamas is more expensive than Costa Rica.
   True ☐ **False** ☐
3. Tahiti Beach is more beautiful than Playa Hermosa.
   True ☐ **False** ☐
4. Joe thinks the Bahamas is more exciting than Costa Rica.
   True ☐ **False** ☐

15.12 BARREZ LE COMPARATIF INCORRECT DANS CHAQUE PHRASE.

An elephant is bigger / more big than a lion.

1. Paris is beautiful / more beautiful than Dallas.
2. Noon is earlier / more early than 5pm.
3. A cheetah is faster / more fast than a bear.
4. Gold is expensive / more expensive than silver.
5. Rock is harder / more hard than paper.
6. Water is warmer / more warm than ice.
7. Skiing is exciting / more exciting than walking.

15 CHECK-LIST

Les adjectifs comparatifs ☐ **Aa** Les voyages et les pays ☐ Comparer ☐

16 Parler d'extrêmes

Utilisez les adjectifs superlatifs pour parler d'extrêmes, tels que « the biggest » ou « the smallest ». Avec les adjectifs longs, employez « the most » pour former le superlatif.

Grammaire Les adjectifs superlatifs
Vocabulaire Les animaux, les faits et les lieux
Compétence Parler d'extrêmes

16.1 POINT CLÉ LES ADJECTIFS SUPERLATIFS

Pour la plupart des adjectifs de 1 ou 2 syllabes, ajoutez « -est » pour former le superlatif.

K2 is higher than Annapurna, but Everest is the highest mountain in the world.

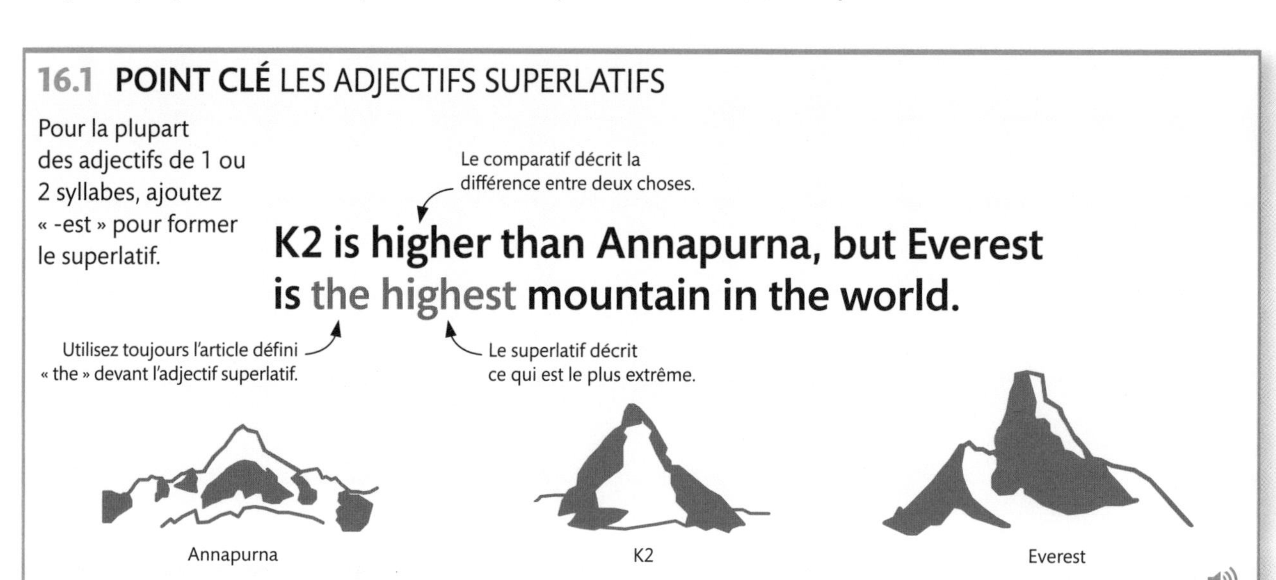

16.2 AUTRES EXEMPLES LES ADJECTIFS SUPERLATIFS

Rhinos are bigger than cows, but elephants are the biggest land animals.

Great white sharks are larger than dolphins, but blue whales are the largest animals in the world.

16.3 CONSTRUCTION LES ADJECTIFS SUPERLATIFS

SUJET + VERBE	« THE » + SUPERLATIF	RESTE DE LA PHRASE
Everest is	the highest	mountain in the world.

16.4 POINT CLÉ CONSTRUCTION DES SUPERLATIFS

Il existe des règles particulières pour les adjectifs se terminant en « -e » ou en « -y » et pour ceux se terminant par 1 seule consonne.

fast → **fastest**
Ajoutez « -est » à la plupart des adjectifs de 1 ou 2 syllabes.

close → **closest**
Si l'adjectif se termine par « -e », ajoutez simplement « -st ».

early → **earliest**
Pour certains adjectifs se terminant par « -y », ôtez le « -y » et remplacez-le par « -iest ».

big → **biggest**
Pour les adjectifs de 1 syllabe se terminant par consonne-voyelle-consonne, doublez la lettre finale et ajoutez « -est ».

16.5 ÉCOUTEZ L'ENREGISTREMENT, PUIS COCHEZ LES BONNES RÉPONSES.

Joel, Sarah et Ben parlent des choses qu'ils ont achetées.

Who has the fastest car?
Joel ☑ **Sarah** ☐ **Ben** ☐

1. Who is the tallest?
Joel ☐ **Sarah** ☐ **Ben** ☐

2. Who has the smallest phone?
Joel ☐ **Sarah** ☐ **Ben** ☐

3. Who has the cheapest laptop?
Joel ☐ **Sarah** ☐ **Ben** ☐

4. Who has the most expensive apartment?
Joel ☐ **Sarah** ☐ **Ben** ☐

5. Who is the youngest?
Joel ☐ **Sarah** ☐ **Ben** ☐

16.6 FORMEZ LES SUPERLATIFS DES ADJECTIFS ENTRE PARENTHÈSES.

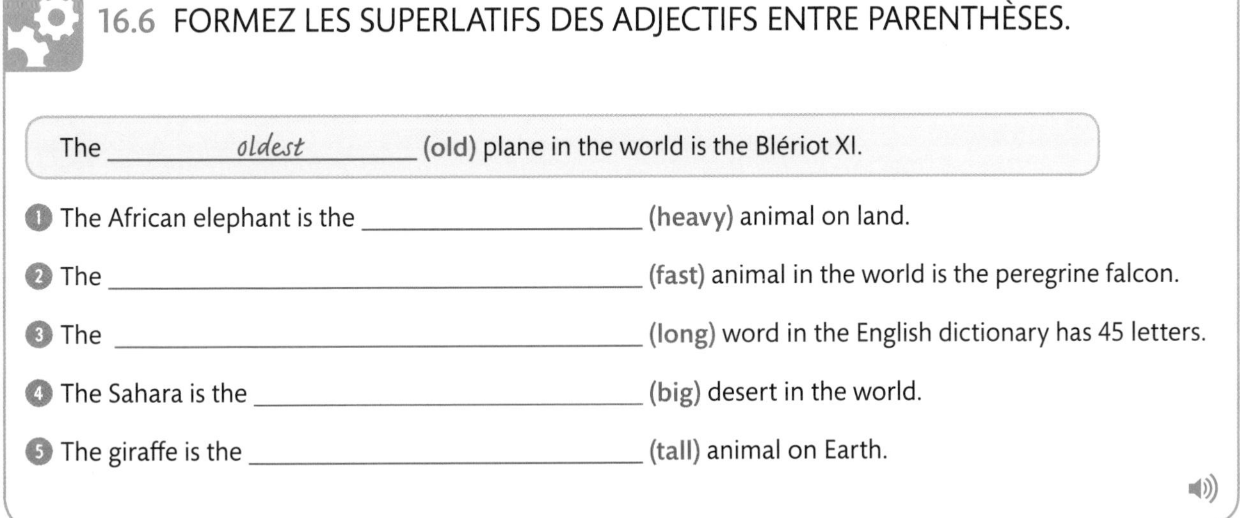

The *oldest* (old) plane in the world is the Blériot XI.

1. The African elephant is the ______________ (heavy) animal on land.
2. The ______________ (fast) animal in the world is the peregrine falcon.
3. The ______________ (long) word in the English dictionary has 45 letters.
4. The Sahara is the ______________ (big) desert in the world.
5. The giraffe is the ______________ (tall) animal on Earth.

16.7 **POINT CLÉ** LE SUPERLATIF AVEC LES ADJECTIFS LONGS

Avec certains adjectifs de deux syllabes et avec ceux de 3 syllabes ou plus, utilisez « the most » devant l'adjectif. L'adjectif ne change pas.

The Palace Hotel is more expensive than the Rialto, but the Biaritz is the most expensive hotel in the city.

Utilisez « the most » devant l'adjectif.

L'adjectif ne change pas.

16.8 **CONSTRUCTION** LE SUPERLATIF AVEC LES ADJECTIFS LONGS

SUJET + VERBE	« THE » + SUPERLATIF	ADJECTIF	RESTE DE LA PHRASE
This is	the most	expensive	hotel in the city.

16.9 **AUTRES EXEMPLES** LE SUPERLATIF AVEC LES ADJECTIFS LONGS

The science museum is the most interesting museum in town.

The Twister is the most exciting ride in the theme park.

This is the most comfortable chair in the room.

16.10 RELIEZ LE DÉBUT DE CHAQUE PHRASE À LA FIN CORRESPONDANTE.

The Yangtze River is → the longest river in Asia.

1. Antarctica is
2. Mumbai is
3. Alaska is
4. The inland taipan is

- the largest state in the US.
- the coldest place on Earth.
- the most dangerous snake in the world.
- the longest river in Asia.
- the biggest city in India.

16.11 LISEZ L'ARTICLE, PUIS COCHEZ LA BONNE RÉPONSE.

The Hotel Blog

HOME | ENTRIES | ABOUT | CONTACT

POSTED FRIDAY, 28 AUGUST

The Rialto (height: 500 feet) is two miles from the beach. The average temperature is a hot 85°F, and it's in a three-star (***) area of natural beauty. *Room per night:* **$500**. *Number of rooms: 300.*

The Plaza (height: 600 feet) is one mile from the beach, and in a five-star (*****) area of natural beauty. The temperature is usually a warm 75°F. *Room per night:* **$400**. *Number of rooms: 500.*

The Grand (height: 300 feet) is less than a mile from the beach. It's in a four-star (****) area of natural beauty, and the temperature is a cool 65°F. *Room per night:* **$515**. *Number of rooms: 200.*

Which is the most expensive hotel?
The Rialto ☐ **The Plaza** ☐ **The Grand** ☑

1. Which hotel is the closest to the beach?
The Rialto ☐ **The Plaza** ☐ **The Grand** ☐

2. Which is the tallest hotel?
The Rialto ☐ **The Plaza** ☐ **The Grand** ☐

3. Which hotel is in the most beautiful area?
The Rialto ☐ **The Plaza** ☐ **The Grand** ☐

4. Which hotel has the fewest rooms?
The Rialto ☐ **The Plaza** ☐ **The Grand** ☐

5. Which hotel is in the warmest place?
The Rialto ☐ **The Plaza** ☐ **The Grand** ☐

16.12 COMPLÉTEZ LES PHRASES AVEC DES ADJECTIFS SUPERLATIFS, PUIS LISEZ-LES À VOIX HAUTE.

Mount Everest is a very high mountain. It is *the highest* mountain in the world.

1. Istanbul is a very large city. It is ______________________ city in Europe.
2. The Missouri River is 2,540 miles long. It is ______________________ river in North America.
3. The cheetah is a very fast animal. It is ______________________ land animal on Earth.
4. The Kali Gandaki Gorge is 3.46 miles deep. It is ______________________ gorge in the world.

16 CHECK-LIST

Les adjectifs superlatifs ☐ **Aa** Les animaux, les faits et les lieux ☐ Parler d'extrêmes ☐

17 Vocabulaire

17.1 LES CARACTÉRISTIQUES GÉOGRAPHIQUES

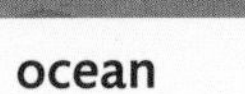

ocean

sea

coast

beach

island

cliff

rocks

cave

waterfall

countryside

field

hill

mountain

valley

canyon

sand dune

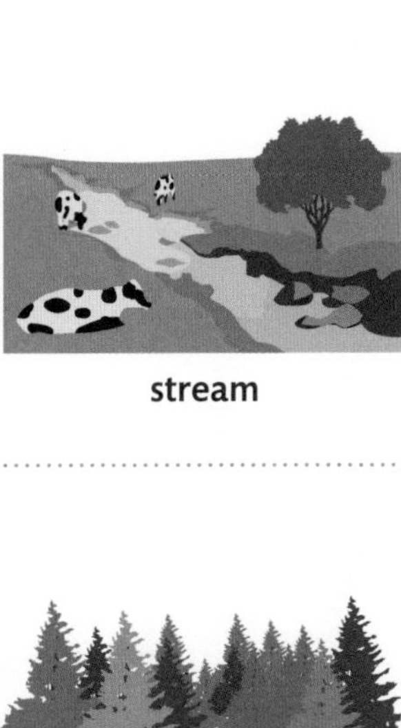

stream

river

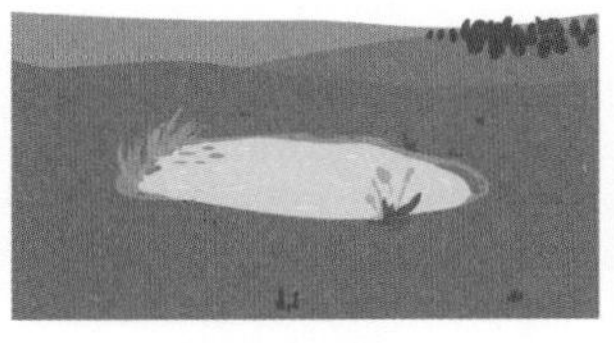

pond

lake

woods

jungle

rainforest

swamp

desert

oasis

volcano

polar region

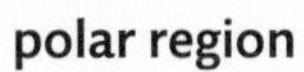

glacier

iceberg

18 Choisir

« Which », « what », « and » et « or » sont des mots utiles pour étoffer des questions. Vous pouvez les utiliser pour indiquer si une question est générale ou si elle contient des options spécifiques.

Grammaire « Which » ou « what »
Vocabulaire Les mots géographiques
Compétence Poser des questions à choix multiple

18.1 POINT CLÉ « AND » ET « OR »

Utilisez « and » pour poser des questions sur plusieurs choses et « or » pour exprimer un choix ou une alternative.

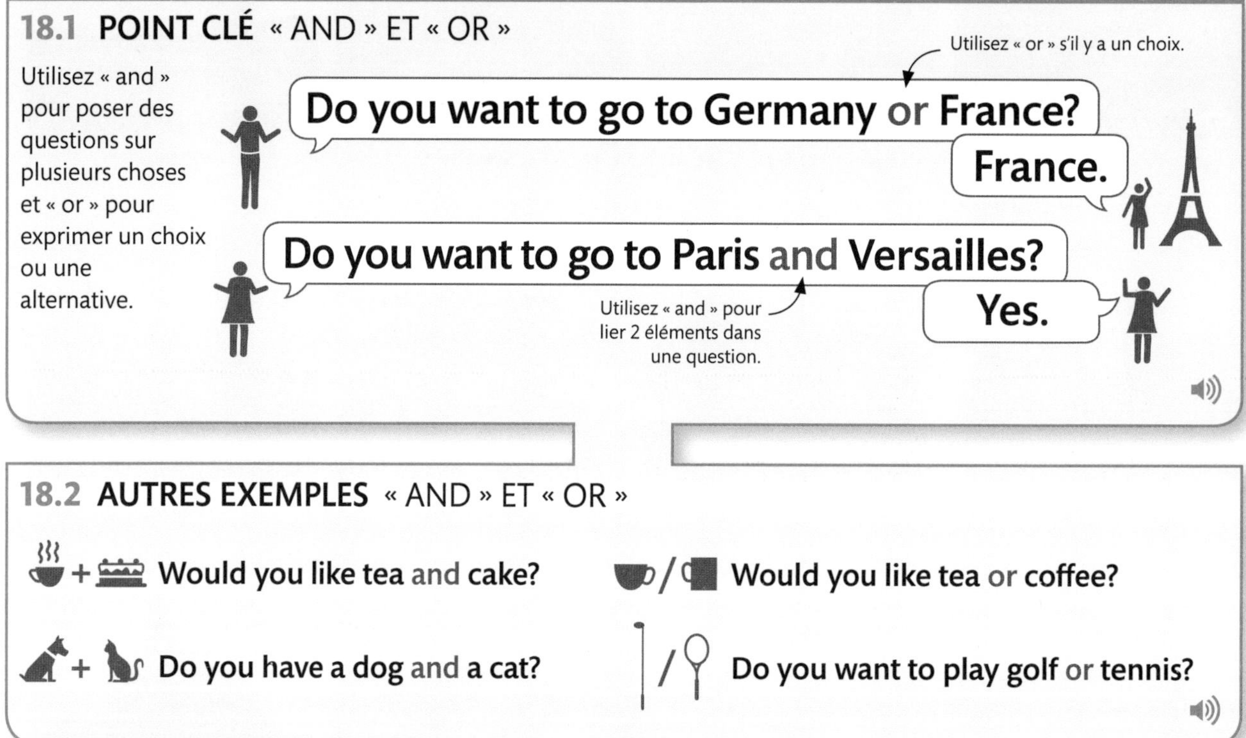

18.2 AUTRES EXEMPLES « AND » ET « OR »

Would you like tea and cake?

Would you like tea or coffee?

Do you have a dog and a cat?

Do you want to play golf or tennis?

18.3 BARREZ LE MOT INCORRECT DANS CHAQUE PHRASE.

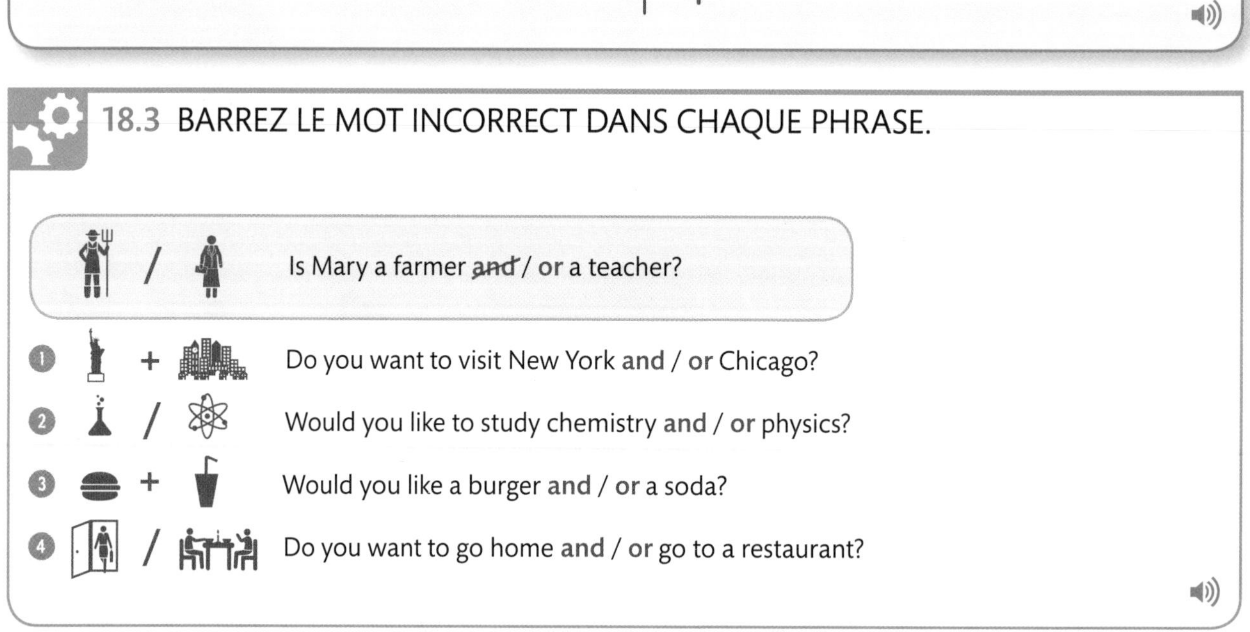

18.4 POINT CLÉ « WHICH » ET « WHAT »

On utilise « which » lorsqu'il y a deux possibilités ou plus dans la question. On utilise « what » lorsque la question est plus générale.

Il n'y a pas de choix dans la question.

What is the tallest building in the world?

La question inclut plusieurs réponses possibles.

Which building is taller, Big Ben or the Eiffel Tower?

18.5 AUTRES EXEMPLES « WHICH » ET « WHAT »

What is the highest mountain in the Himalayas?

Which mountain is higher, the Matterhorn or Mont Blanc?

What is the fastest animal in the world?

Which animal is the fastest, a lion, a rhino, or a cheetah?

18.6 COMPLÉTEZ LES PHRASES SUIVANTES AVEC « WHICH » OU « WHAT ».

Which country would you like to visit, India, China, or Thailand?

1. ______________ is the biggest country in Africa?

2. ______________ would you like to eat for your dinner?

3. ______________ jacket do you want to wear, the blue one or the red one?

4. ______________ is your favorite color, red, green, yellow, or blue?

18.7 POINT CLÉ LES COMPARATIFS ET LES SUPERLATIFS IRRÉGULIERS

Certains adjectifs courants ont un comparatif et un superlatif irréguliers.

ADJECTIF		COMPARATIF		SUPERLATIF
good	→	better	→	best
bad		worse		worst
far		farther (US) further (UK)		farthest (US) furthest (UK)

CONSEIL
En anglais américain, on utilise « further » et « furthest » pour indiquer des distances au sens figuré.

18.8 AUTRES EXEMPLES LES COMPARATIFS ET LES SUPERLATIFS IRRÉGULIERS

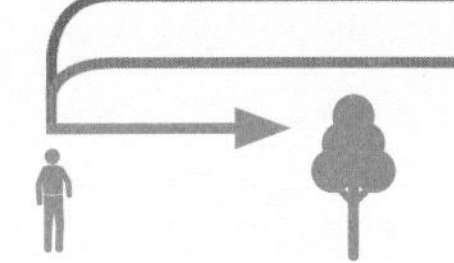

The tree is far away.

The house is farther away than the tree.

The mountain is the farthest away.

John got a good grade on his exam.

Jill got a better grade than John.

Aziz got the best grade.

New York has bad weather today.

Paris has worse weather.

London has the worst weather.

18.9 LISEZ L'ARTICLE, PUIS RÉPONDEZ AUX QUESTIONS.

Which restaurant has the best service?

The Little Olive has the best service.

1. Which has the best music?

____

2. Which is the farthest from the beach?

____

3. Which has the best ice cream?

____

4. Which has the worst food?

____

5. Which has the best seafood?

____

GREAT FOOD MAGAZINE

PLACES TO EAT

Where to go for dinner this weekend

THE LITTLE OLIVE – This restaurant is five minutes from the beach. It has no live music, but the food is great and its seafood is the best in town. The service here is excellent.

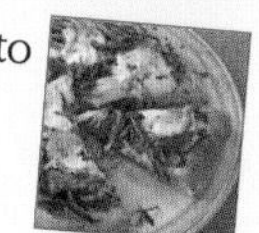

JOHN'S BAR – This is a great place to listen to music. It's on the beach and has bands every night. The food and service are OK.

SEAVIEW CAFÉ – This café is two minutes from the beach. It doesn't have music, but the food and service aren't bad. Go here for the ice cream, it's the best in town.

THE BIG CAHUNA – They play OK music here, but the food and service are not good. It's more than ten minutes from the beach, but it has the best views in town.

18.10 ÉCOUTEZ L'ENREGISTREMENT, PUIS COCHEZ LES BONNES RÉPONSES.

Rita Adams répond aux questions d'un jeu télévisé.

Which is the largest US state?

Texas ☐ **Virginia** ☐ **Alaska** ☑

1. Which city is farthest from the equator?

Taipei ☐ **Bangkok** ☐ **Manila** ☐

2. Which is the smallest South American country?

Brazil ☐ **Peru** ☐ **Suriname** ☐

3. Which is the biggest desert?

Mojave ☐ **Sahara** ☐ **Kalahari** ☐

4. Which is the tallest building?

Big Ben ☐ **Eiffel Tower** ☐ **Pisa Tower** ☐

5. Which is the highest mountain?

K2 ☐ **Kilimanjaro** ☐ **Mont Blanc** ☐

18 ✓ CHECK-LIST

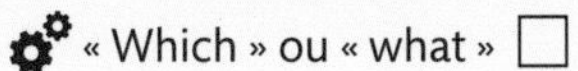

« Which » ou « what » ☐ **Aa** Les mots géographiques ☐  Poser des questions à choix multiples ☐

19 Utiliser des nombres élevés

On écrit généralement les nombres supérieurs à 100 en chiffres. Pour les prononcer, ajoutez « and » devant les 2 derniers chiffres. Par exemple, « one hundred AND ten ».

Grammaire Les nombres élevés
Vocabulaire Mille et million
Compétence Parler de nombres élevés

19.1 POINT CLÉ LES NOMBRES ÉLEVÉS

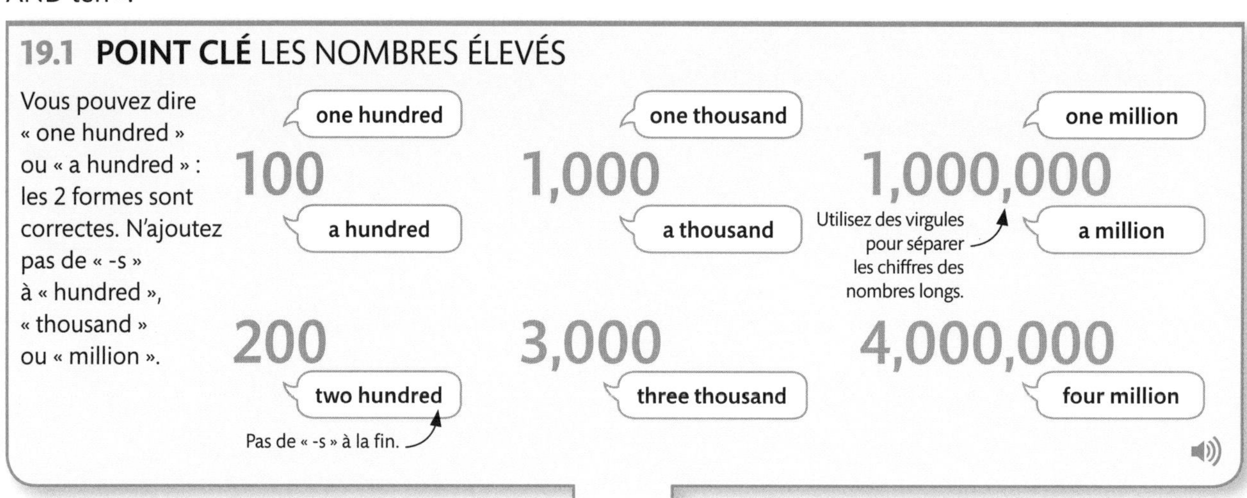

19.2 AUTRES EXEMPLES LES NOMBRES ÉLEVÉS

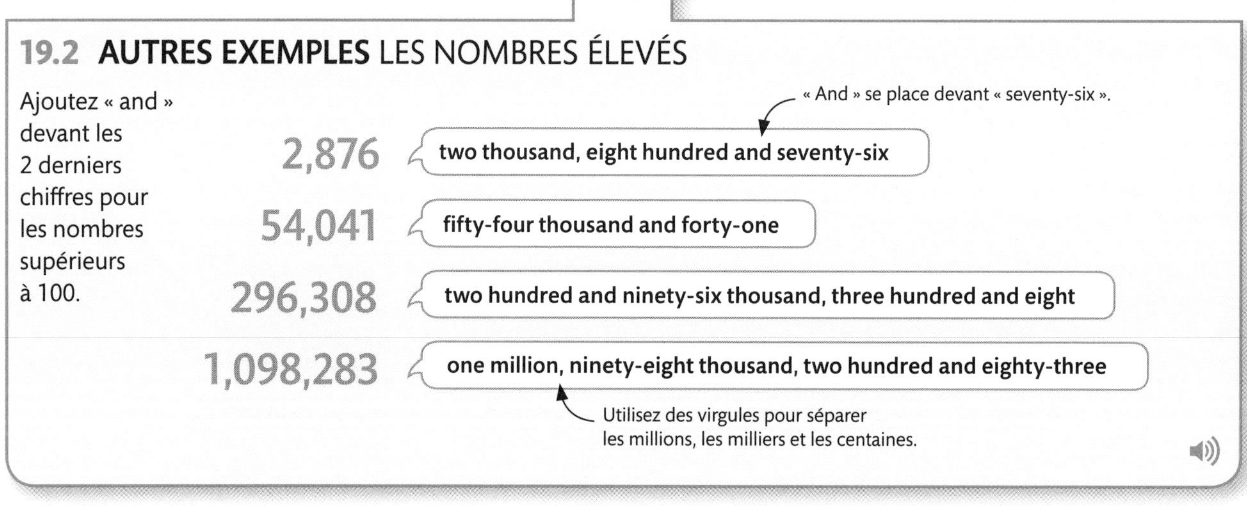

19.3 ÉCOUTEZ L'ENREGISTREMENT, PUIS COCHEZ LES NOMBRES QUE VOUS ENTENDEZ.

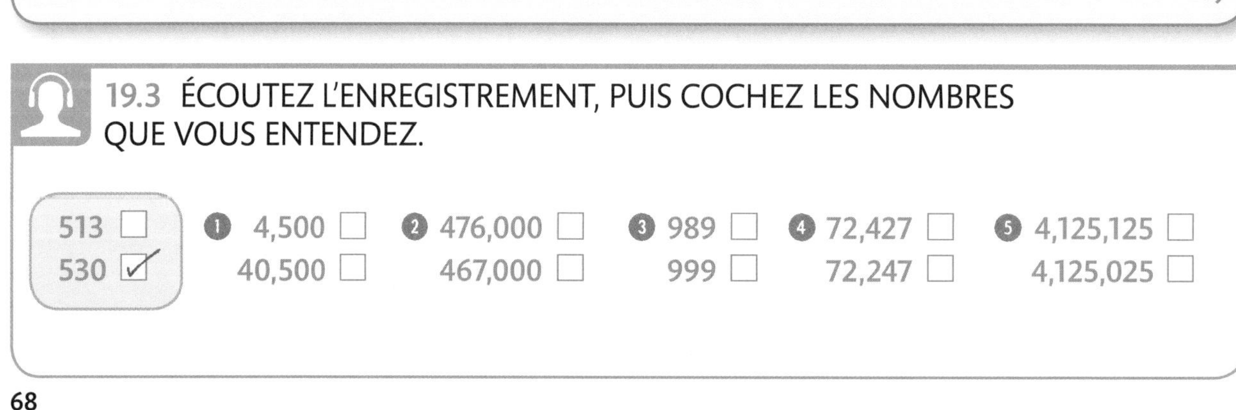

19.4 COMPLÉTEZ, PUIS LISEZ LES NOMBRES SUIVANTS À VOIX HAUTE.

532 — *five hundred and thirty-two*

1. 3,107
2. 23,417
3. 345,972
4. 23,456,987

19 CHECK-LIST

Les nombres élevés ☐ Aa Mille et million ☐ Parler de nombres élevés ☐

BILAN L'ANGLAIS QUE VOUS AVEZ APPRIS DANS LES CHAPITRES 15-19

NOUVEAU POINT LINGUISTIQUE	EXEMPLE TYPE	☑	CHAPITRE
LES ADJECTIFS COMPARATIFS	Greece is warmer than France.	☐	15.1, 15.3, 15.6
LES ADJECTIFS SUPERLATIFS	K2 is higher than Annapurna, but Everest is the highest mountain in the world.	☐	16.1, 16.4, 16.7
« AND » ET « OR »	Do you want to go to Germany or France? Do you want to go to Paris and Versailles?	☐	18.1, 18.2
« WHICH » ET « WHAT »	What is the tallest building? Which mountain is higher, the Matterhorn or Mont Blanc?	☐	18.4, 18.5
LES NOMBRES ÉLEVÉS	Two thousand, eight hundred and seventy-six	☐	19.1, 19.2

20 Vocabulaire

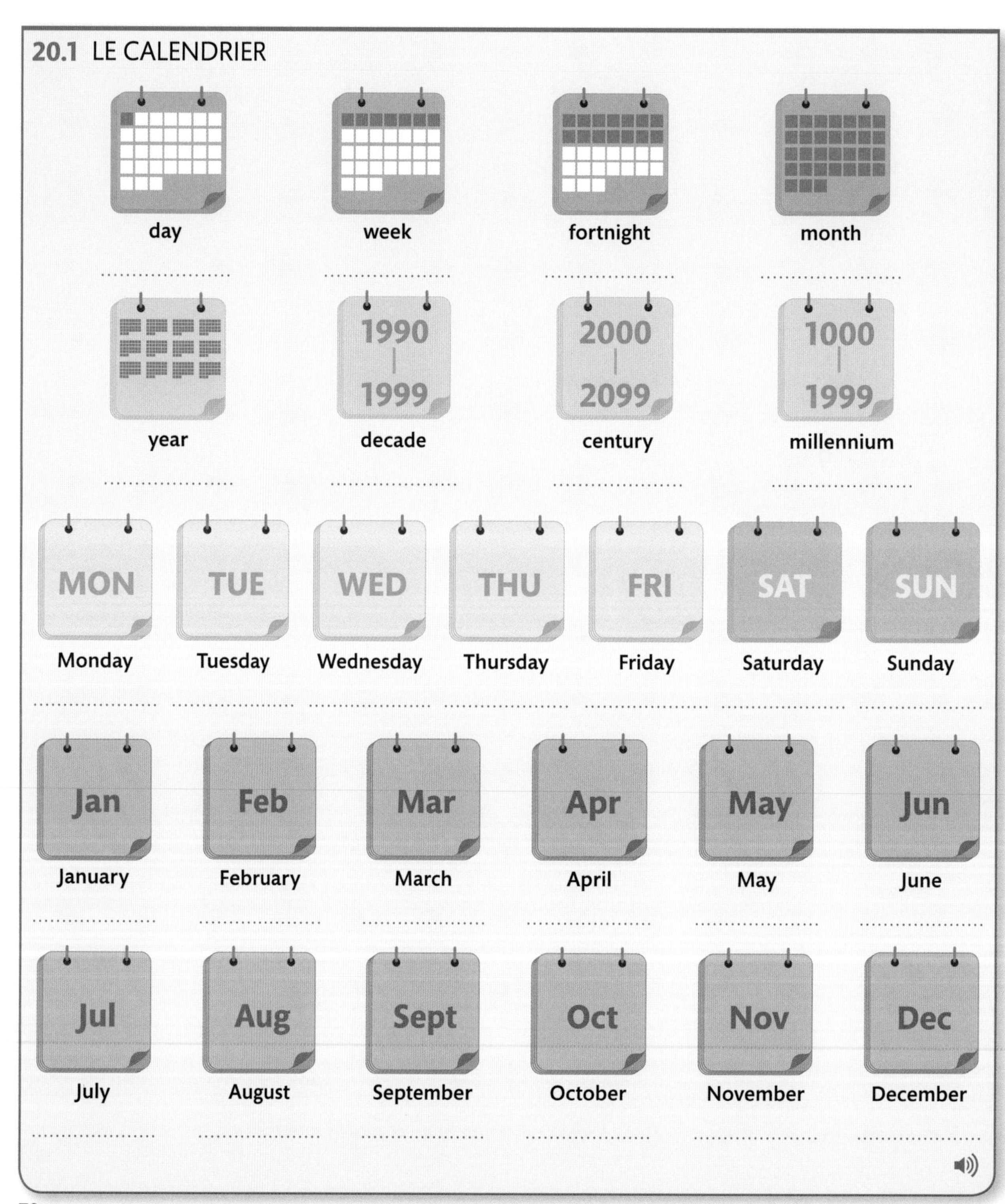

20.2 LES SAISONS

spring

summer

fall (US)
autumn (UK)

winter

20.3 LES NOMBRES ORDINAUX

1st first	2nd second	3rd third	4th fourth
5th fifth	6th sixth	7th seventh	8th eighth
9th ninth	10th tenth	11th eleventh	12th twelfth
13th thirteenth	14th fourteenth	15th fifteenth	16th sixteenth
17th seventeenth	18th eighteenth	19th nineteenth	20th twentieth
21st twenty-first	22nd twenty-second	23rd twenty-third	24th twenty-fourth
25th twenty-fifth	26th twenty-sixth	27th twenty-seventh	28th twenty-eighth
29th twenty-ninth	30th thirtieth	31st thirty-first	

21 Parler de dates

Il existe 2 manières d'écrire et de dire les dates. On utilise des nombres avec le mois pour indiquer la date dont on parle.

Grammaire Les dates, « was born » et « ago »
Vocabulaire Les nombres, mois et années
Compétence Parler de dates

21.1 POINT CLÉ ÉCRIRE ET DIRE LES DATES

Les Américains écrivent souvent la date à l'aide de nombres cardinaux, mais la prononcent à l'aide de nombres ordinaux.

Le nombre vient après le mois.

His meeting is on May 10. — May tenth

My birthday is on May 18. — May eighteenth

The party is on May 31. — May thirty-first

21.2 DIRE AUTREMENT ÉCRIRE ET DIRE LES DATES

Ailleurs, comme au Royaume-Uni, les gens utilisent des nombres ordinaux pour à la fois écrire et dire les dates.

His meeting is on the 10th of May. — the tenth of May

My birthday is on May the 18th. — May the eighteenth

The party is on the 31st of May. — the thirty-first of May

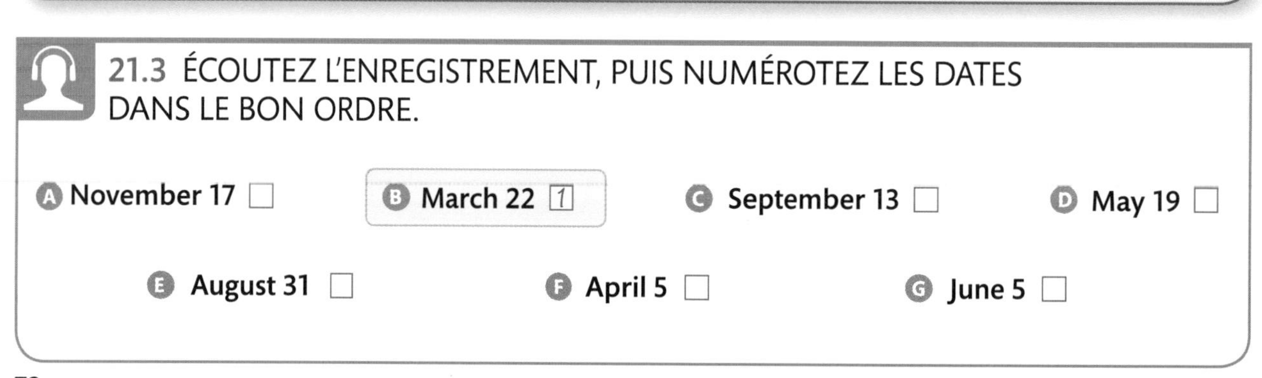

21.3 ÉCOUTEZ L'ENREGISTREMENT, PUIS NUMÉROTEZ LES DATES DANS LE BON ORDRE.

A November 17 ☐

B March 22 1

C September 13 ☐

D May 19 ☐

E August 31 ☐

F April 5 ☐

G June 5 ☐

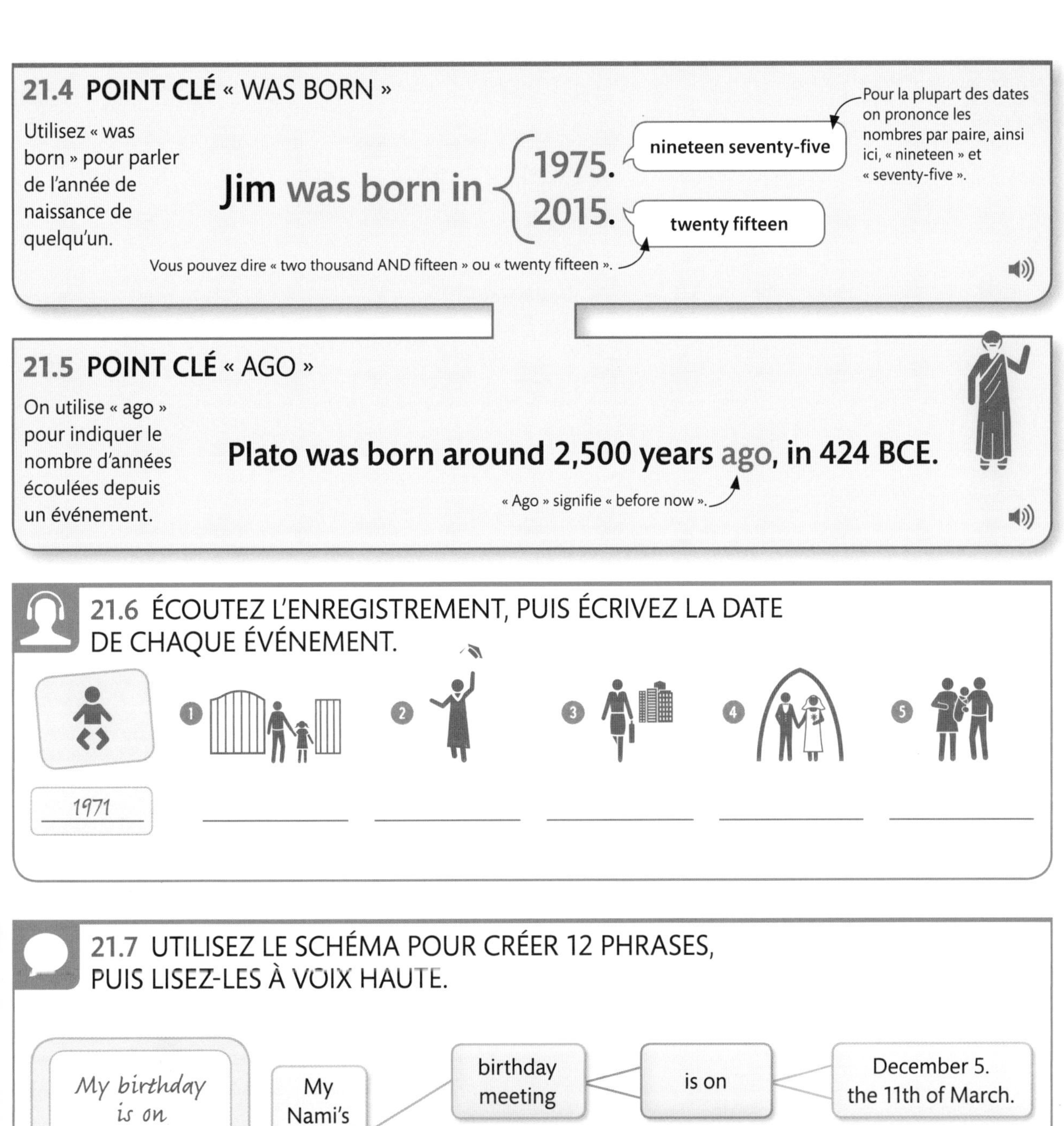

21.4 POINT CLÉ « WAS BORN »

Utilisez « was born » pour parler de l'année de naissance de quelqu'un.

Jim was born in 1975. / 2015.

nineteen seventy-five

twenty fifteen

Pour la plupart des dates on prononce les nombres par paire, ainsi ici, « nineteen » et « seventy-five ».

Vous pouvez dire « two thousand AND fifteen » ou « twenty fifteen ».

21.5 POINT CLÉ « AGO »

On utilise « ago » pour indiquer le nombre d'années écoulées depuis un événement.

Plato was born around 2,500 years ago, in 424 BCE.

« Ago » signifie « before now ».

21.6 ÉCOUTEZ L'ENREGISTREMENT, PUIS ÉCRIVEZ LA DATE DE CHAQUE ÉVÉNEMENT.

1971

1 ____ 2 ____ 3 ____ 4 ____ 5 ____

21.7 UTILISEZ LE SCHÉMA POUR CRÉER 12 PHRASES, PUIS LISEZ-LES À VOIX HAUTE.

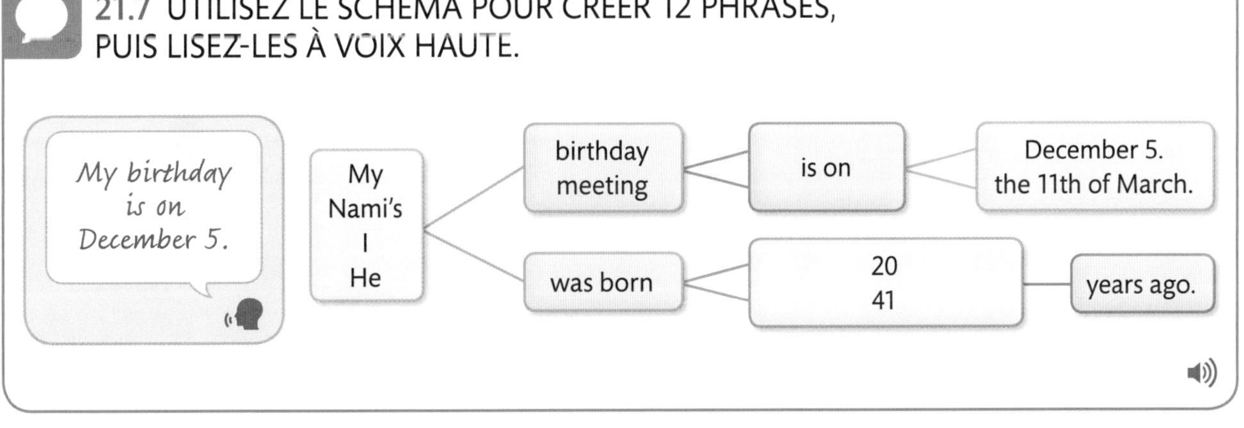

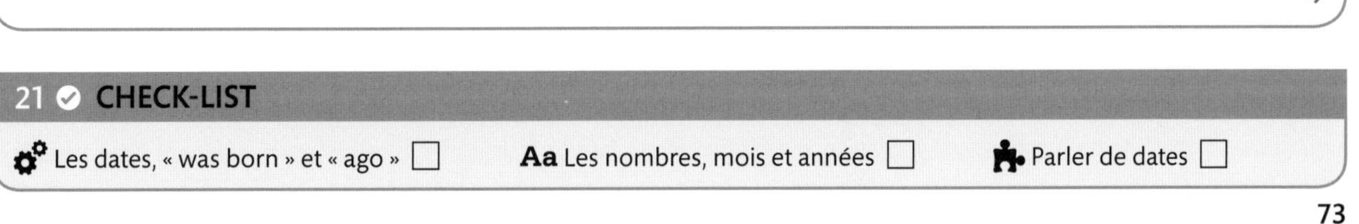

21 CHECK-LIST

Les dates, « was born » et « ago » ☐ **Aa** Les nombres, mois et années ☐ Parler de dates ☐

22 Parler du passé

Le prétérit (ou passé simple) permet d'indiquer un état ou des événements survenus à un moment précis du passé.

Grammaire Le prétérit de « to be »
Vocabulaire Les métiers, la ville et les événements de la vie
Compétence Parler d'états du passé

22.1 POINT CLÉ LE PRÉTÉRIT DE « TO BE »

Toute action révolue et achevée dans le passé peut être décrite au prétérit. Le prétérit de « to be » est « was » ou « were ».

Voici le présent simple.

Jill is a businesswoman now.

She was a student in 1985.

Voici le prétérit. Il s'agit d'un moment précis du passé.

22.2 CONSTRUCTION LE PRÉTÉRIT DE « TO BE »

Avec le prétérit de « to be », le verbe change en fonction du sujet.

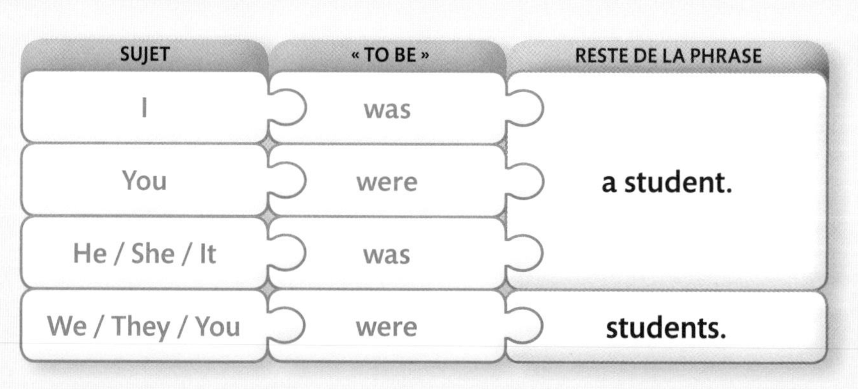

SUJET	« TO BE »	RESTE DE LA PHRASE
I	was	a student.
You	were	
He / She / It	was	
We / They / You	were	students.

22.3 AUTRES EXEMPLES LE PRÉTÉRIT DE « TO BE »

He was **a doctor for 40 years.** 

We were **at the library yesterday.** 

She was **a Broadway star in the 1960s.** 

There were **lots of people at the party.** 

There was **a party last night.** 

They were **at the movies last week.** 

22.4 BARREZ LE MOT INCORRECT DANS CHAQUE PHRASE.

She was / ~~were~~ a teacher.

1. You was / were at the museum last week.
2. There was / were five people here yesterday.
3. The students was / were there on Monday morning.
4. My mom was / were an artist in the 1990s.
5. I was / were in college in 1989.
6. Sal and I was / were at the theater last night.
7. My dad was / were a builder until 1995.

22.5 LISEZ LE COURRIEL, PUIS COCHEZ LA BONNE RÉPONSE.

To: Jules

Subject: Weekend in L.A.

How are you? I was in Los Angeles on the weekend. I was at Manhattan Beach. Do you know it? It was very hot and there were lots of people there. There are many cafés there, too. I was in a café called Ocean View and Malcolm was there. He was with a woman called Stacey. Is she his girlfriend?....

Annie x

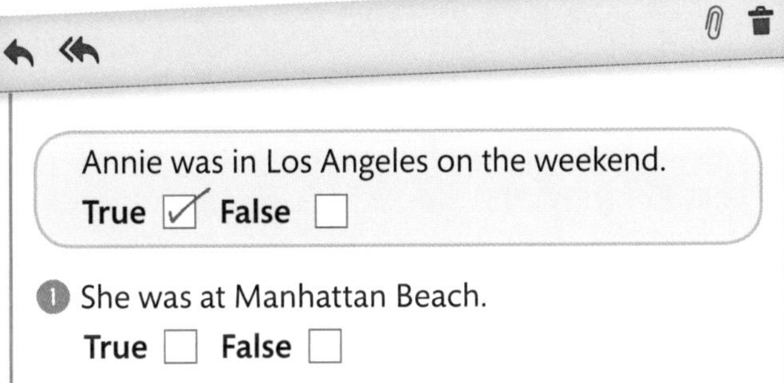

Annie was in Los Angeles on the weekend.
True ☑ **False** ☐

1. She was at Manhattan Beach.
   True ☐ **False** ☐
2. It was cold there.
   True ☐ **False** ☐
3. She was at a café called Sea View.
   True ☐ **False** ☐
4. Her friend Malcolm was with another man.
   True ☐ **False** ☐

22.6 ÉCOUTEZ L'ENREGISTREMENT, PUIS RELIEZ CHAQUE ÉVÉNEMENT À LA DATE CORRESPONDANTE.

Chat radio donne les réponses de son quiz « That Was The Day ».

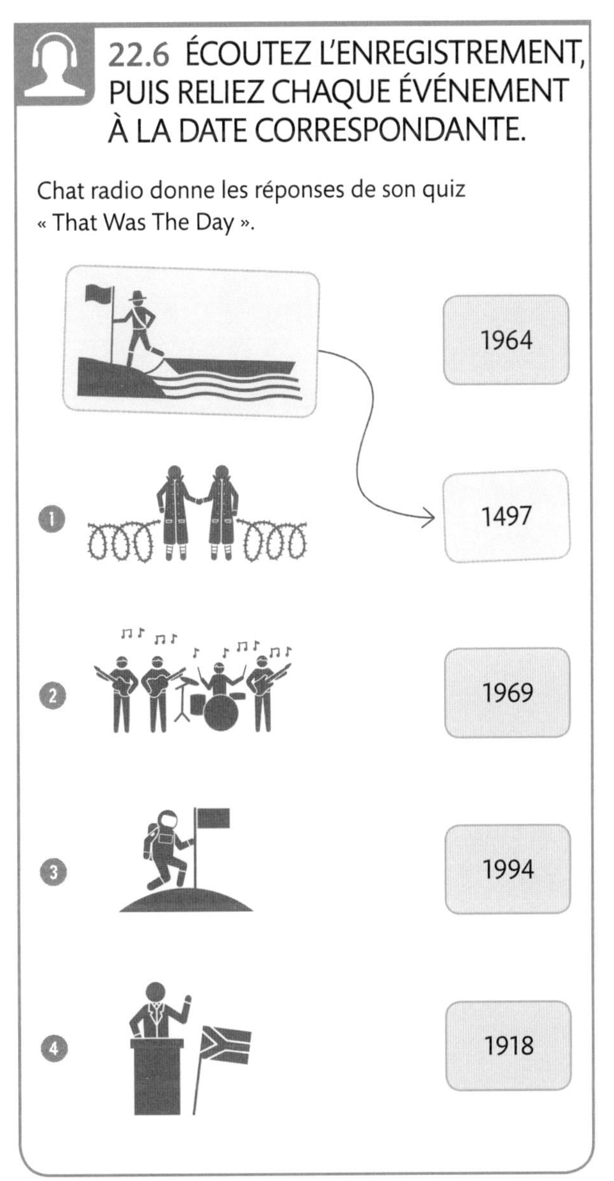

22.7 POINT CLÉ « WAS » ET « WERE » À LA FORME NÉGATIVE

Comme pour le présent simple, utilisez « not » pour former des phrases négatives au prétérit.

Ajoutez « not » après « was » ou « were ».

He {was not / wasn't} **a teacher in 2004.**

They {were not / weren't} **at the park yesterday.**

Ces formes négatives ont aussi une forme contractée.

22.8 POINT CLÉ « WAS » ET « WERE » À LA FORME INTERROGATIVE

Pour poser des questions au passé avec le verbe « to be », intervertissez le sujet et le verbe.

He was **in India.**

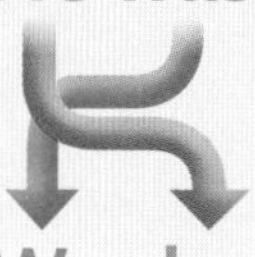

Was he **in India?**

Intervertissez le sujet et « to be ».

They were **late for school.**

Were they **late for school?**

22.9 AUTRES EXEMPLES « WAS » / « WERE » À LA FORME NÉGATIVE ET À LA FORME INTERROGATIVE

I wasn't **a good waiter.**

Were there **any cakes at the party?**

There weren't **any boats.**

Was he **good at playing tennis?**

22.10 BARREZ LES MOTS INCORRECTS DANS LES PHRASES SUIVANTES.

He wasn't / ~~weren't~~ a doctor.

1. They wasn't / weren't very good at science.
2. I wasn't / weren't in Canada in 2002.
3. You wasn't / weren't at the party last night.
4. We wasn't / weren't in our house last year.
5. There wasn't / weren't a restaurant near the river.

22.11 POUR CHAQUE AFFIRMATION, POSEZ LA BONNE QUESTION.

There were some factories.
Were there any factories?

1. He was a good builder.
______

2. They were late this morning.
______

3. She was at a meeting yesterday.
______

4. You were happy in college.
______

5. We were in New Zealand for two weeks.
______

6. You were in the swimming pool.
______

22.12 ÉCOUTEZ L'ENREGISTREMENT, PUIS COCHEZ LA FONCTION DE CHAQUE BÂTIMENT.

Un guide touristique raconte l'histoire de vieux bâtiments.

A ☐ B ☑ C ☐

1. A ☐ B ☐ C ☐
2. A ☐ B ☐ C ☐
3. A ☐ B ☐ C ☐
4. A ☐ B ☐ C ☐

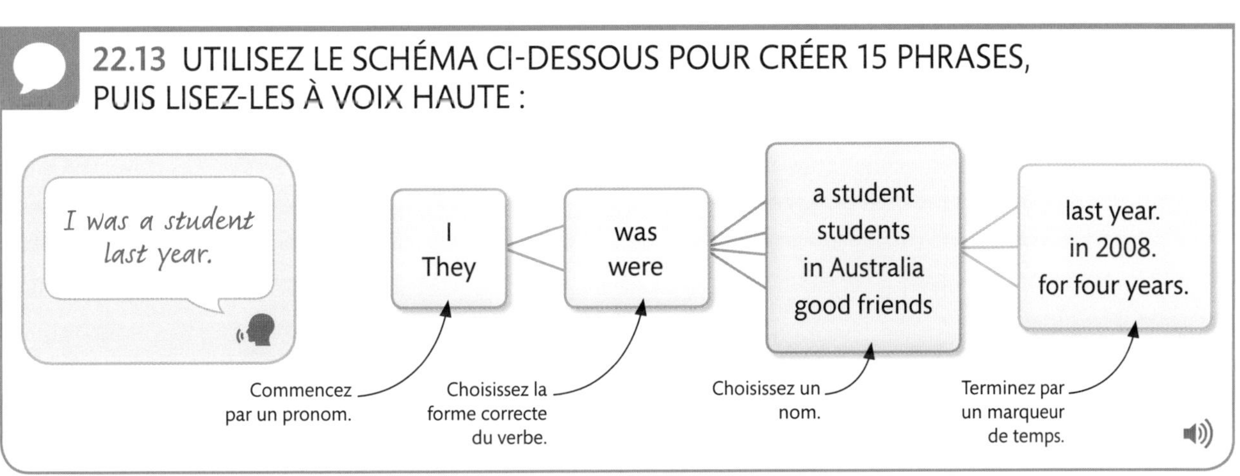

22.13 UTILISEZ LE SCHÉMA CI-DESSOUS POUR CRÉER 15 PHRASES, PUIS LISEZ-LES À VOIX HAUTE :

22 CHECK-LIST

Le prétérit de « to be » ☐ **Aa** Les métiers, la ville et les événements de la vie ☐ Parler d'états du passé ☐

23 Parler d'états du passé

Certains verbes sont réguliers au prétérit.
Vous pouvez utiliser nombre d'entre eux pour parler de la semaine passée, de l'année passée ou de votre vie.
Les verbes se terminent en « -ed » au prétérit.

Grammaire Les verbes réguliers au prétérit
Aa Vocabulaire Les passe-temps et les événements de la vie
Compétence Parler de votre passé

23.1 POINT CLÉ LES VERBES RÉGULIERS AU PRÉTÉRIT

Le prétérit permet de décrire des événements qui ont eu lieu dans le passé. La terminaison des verbes réguliers au prétérit est « -ed ». La forme négative se construit avec « did not » suivi du radical.

Les verbes se terminent en « -ed ».

I visited Luke last Friday.

He didn't play tennis last night.

23.2 CONSTRUCTION LES VERBES RÉGULIERS AU PRÉTÉRIT

Au prétérit, a plupart des verbes ne changent pas en fonction du sujet. Utilisez le prétérit de « do » suivi du radical pour construire la forme négative.

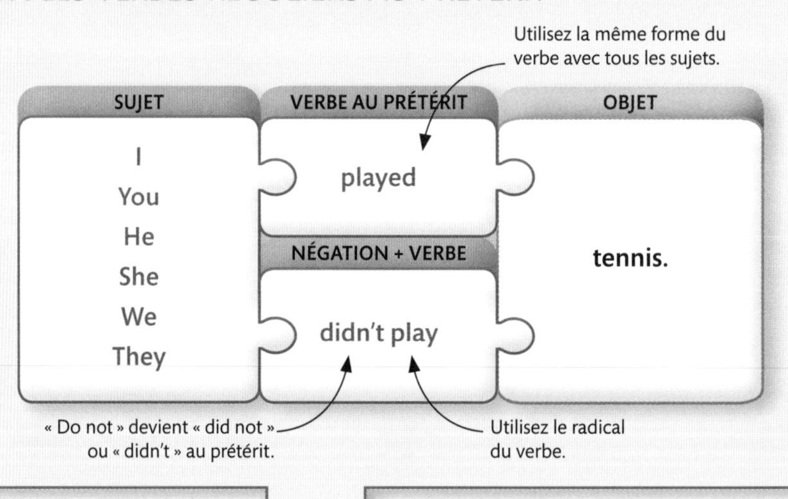

23.3 AUTRES EXEMPLES LES VERBES RÉGULIERS AU PRÉTÉRIT

He walked to the office.

Utilisez « did » + sujet + radical pour construire la forme interrogative.

Did they work late?

She didn't walk downtown.

We didn't watch TV today.

23.4 ÉCRIVEZ LES VERBES ENTRE PARENTHÈSES AU PRÉTÉRIT.

Last Friday, I *cooked* (cook) a meal for my friends.

1. The music was good, but I ______________________________ (not dance) very much.
2. My friend ______________________________ (not listen) to the band on Saturday night.
3. Last week, I ______________________________ (clean) my brother's new car for him.
4. Did you ______________________________ (watch) a fun movie last night?
5. Ben and Franklin ______________________________ (play) tennis for five hours yesterday.

23.5 **POINT CLÉ** LES RÈGLES ORTHOGRAPHIQUES DU PRÉTÉRIT

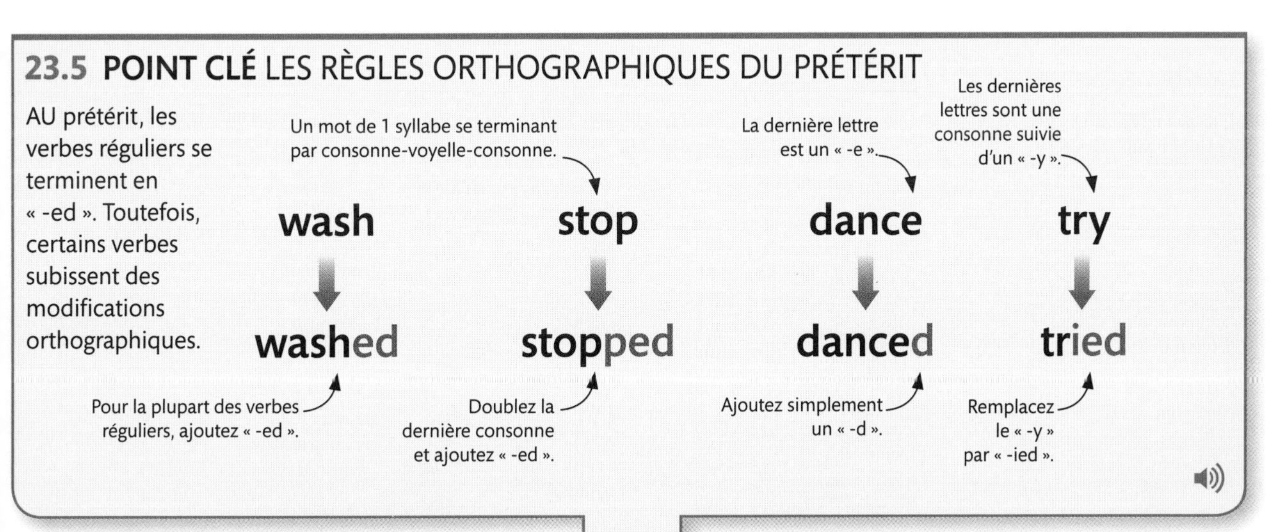

23.6 **AUTRES EXEMPLES** LES RÈGLES ORTHOGRAPHIQUES DU PRÉTÉRIT

He carried **the bags for her.**

We arrived **here at midnight.**

I studied **English last year.**

They saved **money for a vacation.**

23.7 OBSERVEZ L'AGENDA DE JOYCE, PUIS COMPLÉTEZ LES PHRASES AU PRÉTÉRIT.

WEEKLY PLANNER

MONDAY
Evening: watch movie on TV

TUESDAY
Morning: play squash
Afternoon: phone my boss

WEDNESDAY
try sushi at Japanese restaurant

THURSDAY
Morning: clean the bathroom
Night: visit Aziz in hospital

FRIDAY
invite friends to my birthday party

SATURDAY
walk in the park

SUNDAY
cook dinner for my parents

On Monday evening, Joyce *watched* a movie on TV.

1. On Tuesday morning, she ______ squash.
2. On Tuesday afternoon, she ______ her boss.
3. On Wednesday, she ______ sushi at a Japanese restaurant.
4. On Thursday morning, she ______ the bathroom.
5. On Thursday night, she ______ Aziz in hospital.
6. On Friday, she ______ friends to her birthday party.
7. On Saturday, she ______ in the park.
8. On Sunday, she ______ dinner for her parents.

23.8 ÉCOUTEZ L'ENREGISTREMENT, PUIS RELIEZ CHAQUE ÉVÉNEMENT À LA DATE CORRESPONDANTE.

Arno évoque sa vie. Il mentionne les événements importants et les années où ces événements ont eu lieu.

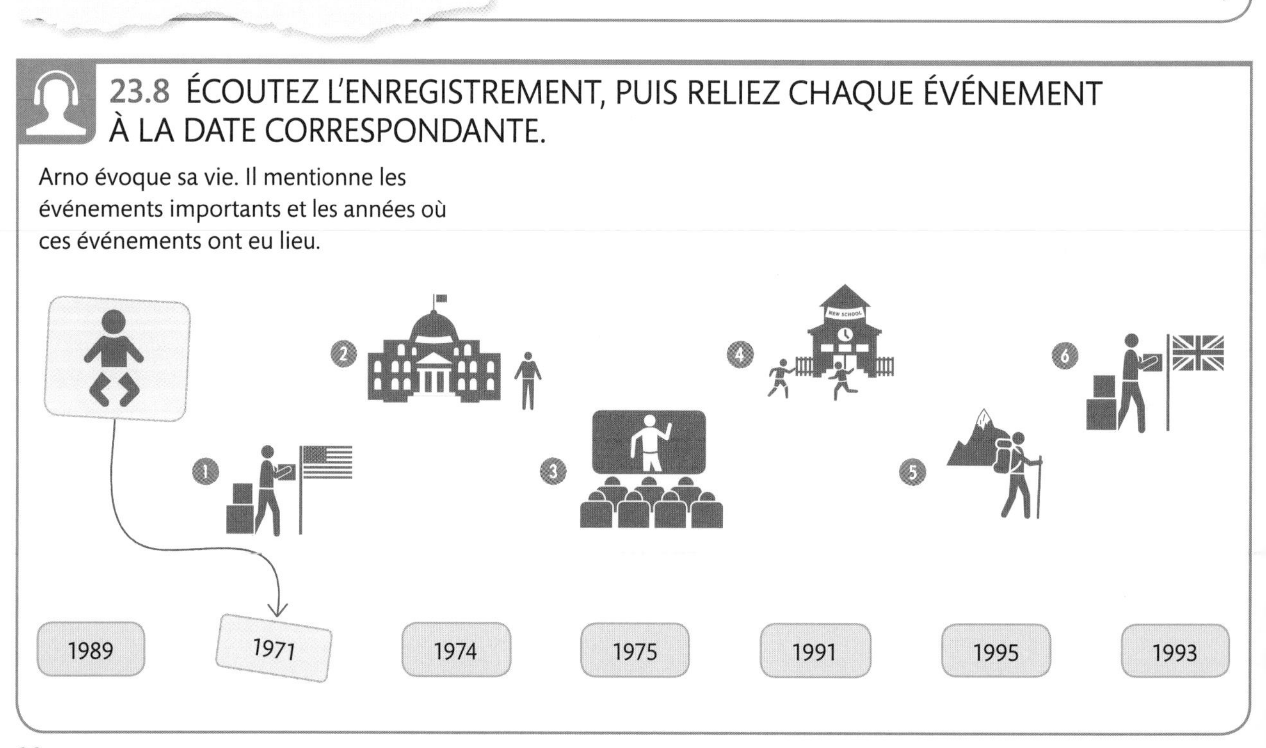

23.9 **POINT CLÉ** « WHEN » AVEC LE PRÉTÉRIT

Pour dire quand un événement est survenu dans la vie de quelqu'un, vous pouvez soit utiliser « in » suivi de l'année, soit utiliser « when » suivi de l'âge de la personne.

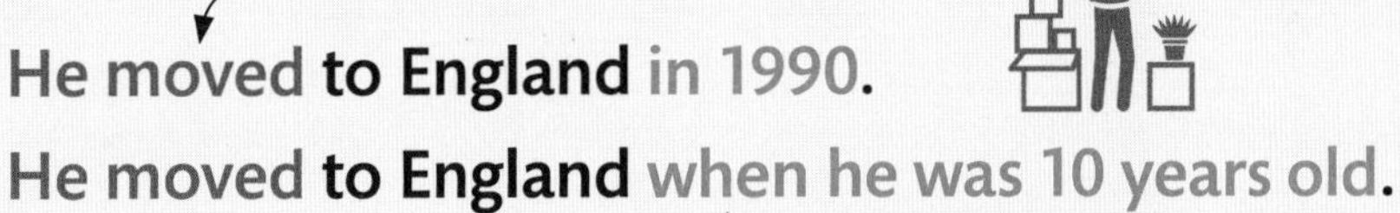

Ceci est l'action au prétérit.

He moved to England in 1990.

He moved to England when he was 10 years old.

Ceci permet de préciser à quel moment l'événement s'est déroulé.

23.10 RÉCRIVEZ LES PHRASES SUIVANTES EN AJOUTANT UNE PROPOSITION AVEC « WHEN ».

I started school (four years old). = *I started school when I was four years old.*

1. She moved to the US (19 years old). = ______
2. They started swimming (25 years old). = ______
3. We visited Japan (27 years old). = ______
4. I received this gift (31 years old). = ______

23.11 OBSERVEZ LES ÉVÉNEMENTS MARQUANTS DE LA VIE DE LEONA, COMPLÉTEZ, PUIS LISEZ À VOIX HAUTE.

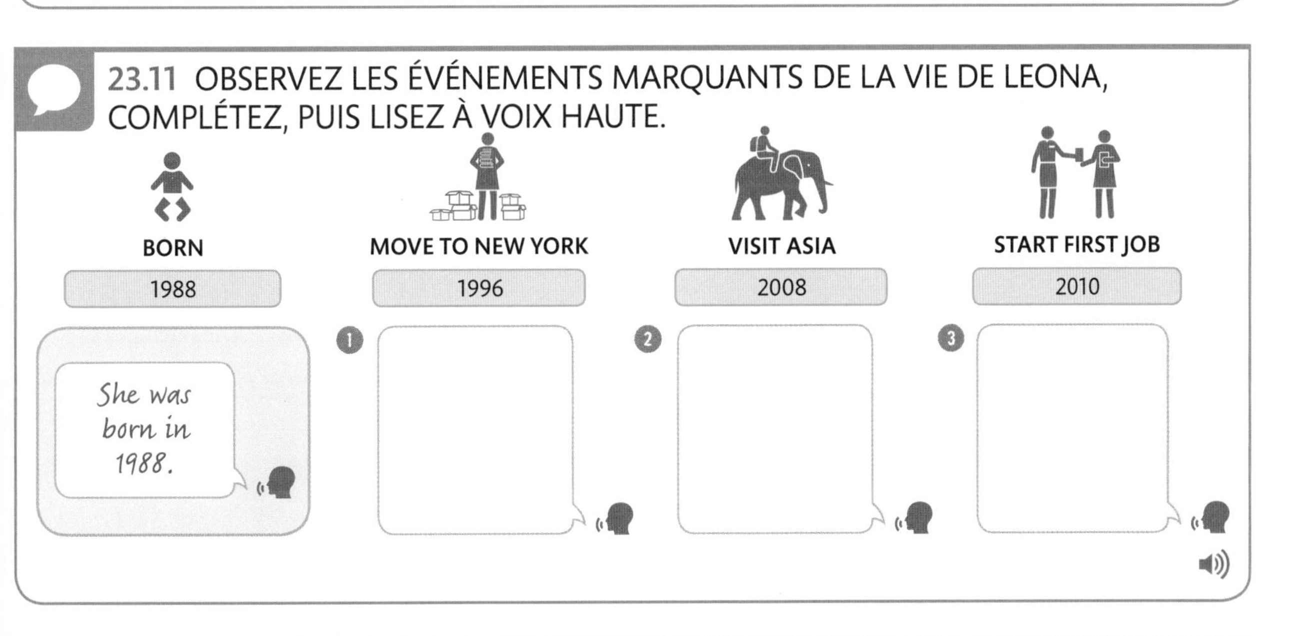

23 CHECK-LIST

Les verbes réguliers au prétérit ☐ **Aa** Les passe-temps et les événements de la vie ☐ Parler de votre passé ☐

24 Vos compétences passées

Au prétérit, « can » devient « could ». « Could » est souvent utilisé pour parler de choses que l'on pouvait faire dans le passé mais que l'on ne peut plus faire aujourd'hui.

Grammaire « Could » dans le passé
Vocabulaire Les compétences et les passe-temps
Compétence Parler de compétences passées

24.1 POINT CLÉ « COULD » POUR PARLER DE COMPÉTENCES PASSÉES

Utilisez « could » pour parler de quelque chose que vous pouviez faire par le passé. Vous pouvez employer « when » suivi d'un marqueur de temps pour préciser quand vous pouviez le faire.

Le marqueur de temps peut être un âge, un jour ou une année.

I can't climb trees now, but I could when I was younger.

Vous pouvez utiliser le présent simple pour marquer un contraste.

Votre énoncé peut être affirmatif avec « could » ou négatif avec « couldn't ». « Could » ne change pas en fonction du sujet.

24.2 AUTRES EXEMPLES « COULD » POUR PARLER DE COMPÉTENCES PASSÉES

When I was a student, I could study all night before an exam.

I couldn't go to China last year because it was too expensive.

When Milo was eight, he could play the violin.

Last year, she couldn't run very far, but yesterday she ran a marathon.

24.3 CONSTRUCTION « COULD » POUR PARLER DE COMPÉTENCES PASSÉES

« WHEN »	MARQUEUR DE TEMPS	« COULD »	COMPÉTENCE
When	I was younger,	I could I couldn't	climb trees.
Commencez avec « when ».	Cette phrase situe le moment où cette action était possible dans le passé.	Cet énoncé peut être affirmatif ou négatif.	Utilisez le radical du verbe pour décrire la compétence passée.

24.4 RÉCRIVEZ LES PHRASES SUIVANTES AVEC « COULD ».

I can ski.	*I could ski.*
1 I can cook Italian food.	
2 We can't play the piano.	
3 She can paint a picture.	
4 They can't make a cake.	

24.5 ÉCOUTEZ L'ENREGISTREMENT, PUIS COCHEZ LA BONNE RÉPONSE.

When Diana was five, she couldn't...
write music ☑
read music ☐
play the piano. ☐

1 When Louis was four, he could...
read ☐
write ☐
do mathematics. ☐

2 When Imelda was seven, she could...
ride a horse ☐
drive a car ☐
fly a plane. ☐

3 When Irina was four, she could speak...
one language ☐
two languages ☐
three languages. ☐

24.6 UTILISEZ LE SCHÉMA POUR CRÉER 16 PHRASES, PUIS LISEZ-LES À VOIX HAUTE.

When I was five, I couldn't play chess.

When I was / When you were	five, / seven,	I couldn't / you could	play chess. / ride a bike. / swim. / skate.
Commencez par une phrase avec « when ».	Choisissez un âge.	Choisissez un énoncé affirmatif ou négatif.	Terminez par une compétence.

24 CHECK-LIST

« Could » dans le passé ☐ **Aa** Les compétences et les passe-temps ☐ Parler de compétences passées ☐

25 Vocabulaire

25.1 LES DIVERTISSEMENTS

movie (US)
film (UK)

....

novel

....

play

....

TV show

....

the news

....

newspaper

....

magazine

....

comedy

....

science fiction

....

thriller

....

documentary

....

action

....

horror

....

musical

....

romance

....

crime

....

hero

villain

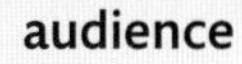

audience

clap

movie star (US)
film star (UK)

actor

main character

director

author

plot

special effects

stunt

movie theater (US)
cinema (UK)

theater (US)
theatre (UK)

bookstore (US)
bookshop (UK)

exhibition

26 Les verbes irréguliers au prétérit

En anglais, certains verbes sont irréguliers au prétérit. Leur forme passée ne suit pas les mêmes règles et est parfois complètement différente de leur infinitif.

Grammaire Les verbes irréguliers au prétérit
Vocabulaire Les connecteurs chronologiques
Compétence Décrire le passé

26.1 POINT CLÉ LES VERBES IRRÉGULIERS AU PRÉTÉRIT

26.2 CONSTRUCTION VERBES IRRÉGULIERS AU PRÉTÉRIT

Les verbes au passé simple ne changent pas de forme en fonction du sujet.

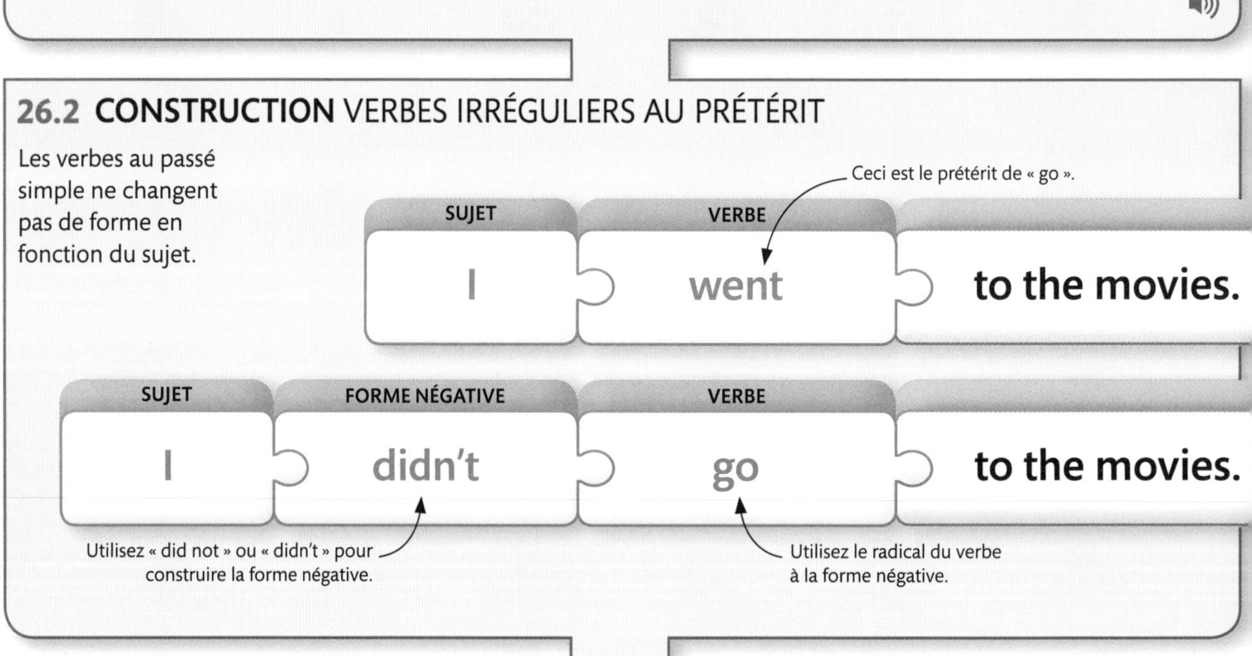

26.3 AUTRES EXEMPLES VERBES IRRÉGULIERS AU PRÉTÉRIT

26.4 RELIEZ LE PRÉTÉRIT DES VERBES À LEUR INFINITIF.

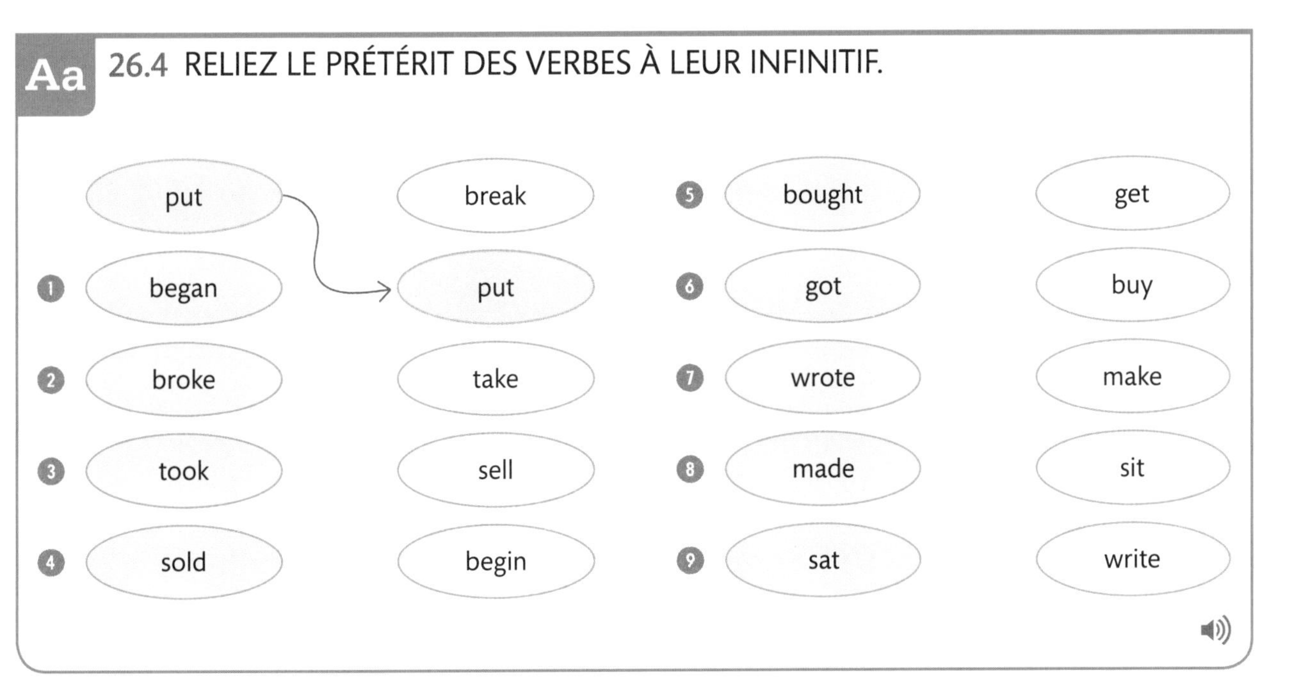

26.5 LISEZ L'ARTICLE, PUIS NUMÉROTEZ LES IMAGES DANS LE BON ORDRE.

WILD ADVENTURES

A lucky escape!

A VERY WILD ADVENTURE IN THE FOREST

A few years ago I went camping in Redwood Park with my best friend, Jack. On our first day, we bought some food. We didn't want to stay on the campsite, so instead we walked through the forest to find somewhere else to camp. It got dark early and we were a bit lost so we decided to camp in the middle of the forest. That night, it was really dark and I felt a bit scared, but Jack and I made a fire and sang some songs. It was a quiet night and we slept well.

In the morning, we were hungry so we made our breakfast. But before we ate it, we went to the river. We had a wash and got some fresh water then walked back to our tent. When we got back to the tent, we saw a big brown bear. We didn't move or make a noise. We watched the bear as it sat in our tent and ate all of our breakfast. After that it walked off into the forest with our bags.

Jack and I were very hungry and cold, but we put our tent away and walked away quickly. Then, we ran and ran until finally we found the campsite. We were so happy. It was a very lucky escape!

A ☐

B ☐

C 1

D ☐

E ☐

F ☐

G ☐

26.6 COMPLÉTEZ L'ARTICLE DE JOURNAL AVEC LES MOTS DE LA LISTE.

Wow! This morning a bear __ate__ my breakfast. We are in Redwood Park and last night we camped in the forest. We ________ a fire and it was very quiet, so my friend and I ________ well. The next morning, we ________ to the river to get water. When we got back to the tent, we ________ the bear. I ________ really scared. We ________ back to the campsite and we are safe now!

~~ate~~ slept made went felt saw ran

26.7 **VOCABULAIRE** LES CONNECTEURS CHRONOLOGIQUES

Certains mots et expressions permettent de vous situer dans l'histoire.

First **he woke up.**

....

Then **he ate breakfast.**

....

Next **he had a shower.**

....

After that **he got dressed.**

....

Finally **he went to work.**

....

26.8 **AUTRES EXEMPLES** LES CONNECTEURS CHRONOLOGIQUES

First **I got some money out of the bank.**

Then **I bought some food from the supermarket.**

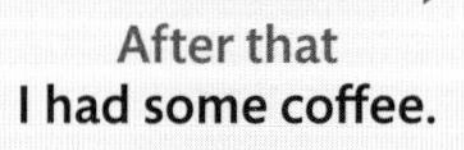

After that **I had some coffee.**

In the morning **we watched the sun rise over the Serengeti.**

Then **we saw the birds fly off.**

Finally **the lions appeared.**

26.9 RÉCRIVEZ LES PHRASES EN PLAÇANT LES CONNECTEURS CHRONOLOGIQUES AU BON ENDROIT.

I won the game. I got a prize. **(then)**
I won the game. Then I got a prize.

1. Sheila put her best clothes on. **(first)**
____
2. Do your homework. Go out and play. **(first, then)**
____
3. Ben passed his test. He bought a car. **(next)**
____
4. Eat dinner. You can have some dessert. **(after that)**
____
5. He ate a large breakfast. **(first)**
____

26.10 COMPLÉTEZ LES PHRASES AVEC DES CONNECTEURS CHRONOLOGIQUES, PUIS LISEZ-LES À VOIX HAUTE.

First Harold and Jack bought some food. *Then* they went to the forest.

1. _______________ they got lost. Then they decided to camp and put the tent up.
2. They were scared of the sounds in the forest. But _______________ they went to sleep.
3. _______________ they washed in the river. They went back to their tent for food.
4. _______________ they saw a bear eating their food. After that, it walked into the forest.
5. _______________ Harold and Jack arrived safely back at the campsite.

~~first~~ after that ~~then~~ finally
finally after that in the morning

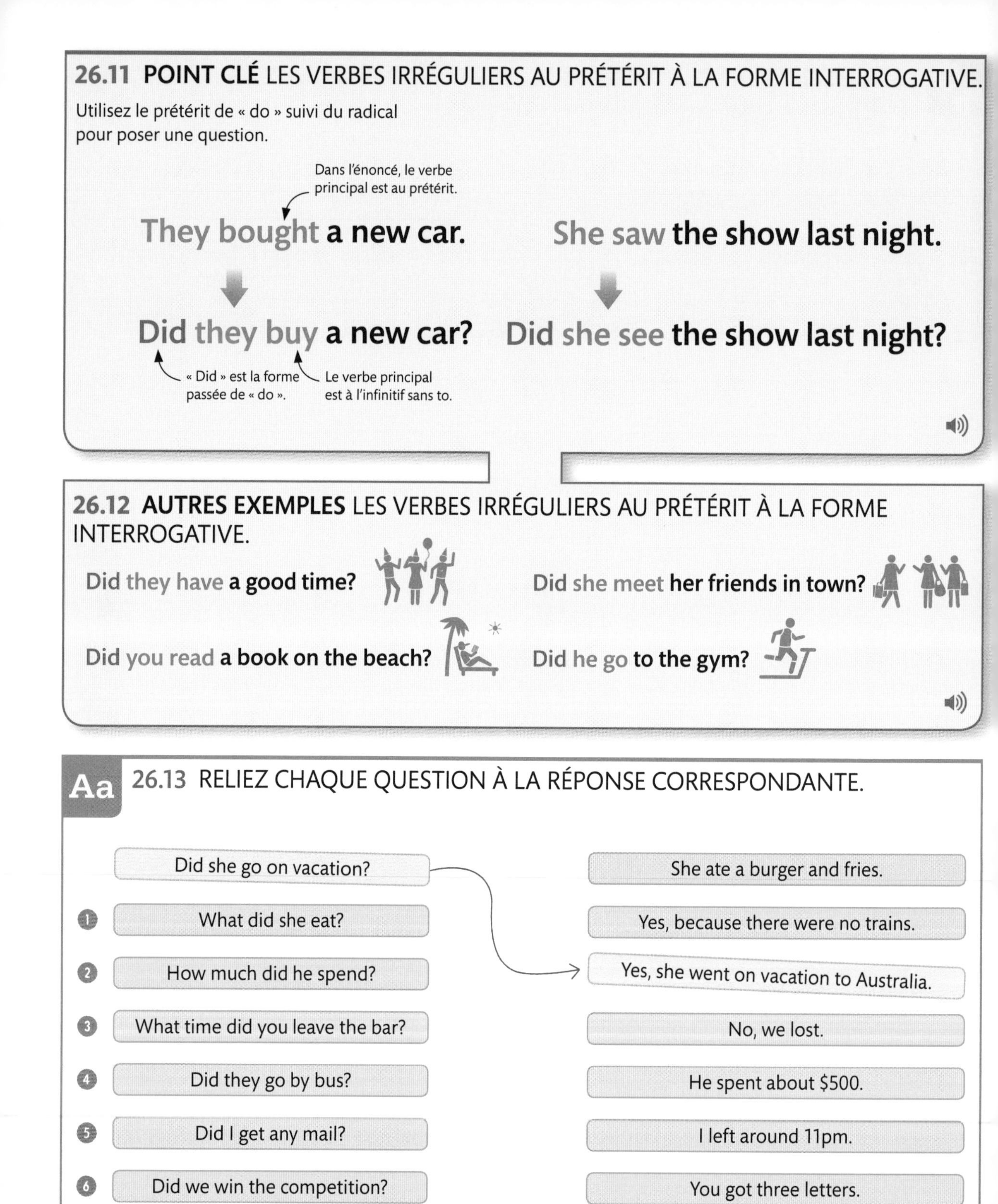

26.11 **POINT CLÉ** LES VERBES IRRÉGULIERS AU PRÉTÉRIT À LA FORME INTERROGATIVE.

Utilisez le prétérit de « do » suivi du radical pour poser une question.

Dans l'énoncé, le verbe principal est au prétérit.

They bought a new car. → **Did they buy a new car?**

« Did » est la forme passée de « do ».

Le verbe principal est à l'infinitif sans to.

She saw the show last night. → **Did she see the show last night?**

26.12 **AUTRES EXEMPLES** LES VERBES IRRÉGULIERS AU PRÉTÉRIT À LA FORME INTERROGATIVE.

Did they have a good time?

Did she meet her friends in town?

Did you read a book on the beach?

Did he go to the gym?

Aa 26.13 RELIEZ CHAQUE QUESTION À LA RÉPONSE CORRESPONDANTE.

Did she go on vacation? → Yes, she went on vacation to Australia.

1. What did she eat?
2. How much did he spend?
3. What time did you leave the bar?
4. Did they go by bus?
5. Did I get any mail?
6. Did we win the competition?

- She ate a burger and fries.
- Yes, because there were no trains.
- Yes, she went on vacation to Australia.
- No, we lost.
- He spent about $500.
- I left around 11pm.
- You got three letters.

26.14 POSEZ LA QUESTION CORRESPONDANT À CHAQUE AFFIRMATION.

They sold 50 cakes.
How many *cakes did they sell?*

1. The movie began at 7:30pm.
When ______

2. He chose the red shirt.
Which ______

3. She ate pasta last night.
What ______

4. She read the magazine this morning.
What ______

5. Aia caught five fish at the lake.
How many ______

6. You saw Michelle at the party last night.
Who ______

7. He gave his brother a new sweater.
What ______

26.15 ÉCOUTEZ L'ENREGISTREMENT, PUIS COCHEZ LA BONNE RÉPONSE.

Daniella et Marcus parlent de la fête d'anniversaire de leur amie.

When did Daniella arrive at the party?
7pm ☐
8pm ☑
9pm ☐

1. What did she wear?
a red dress ☐
a green skirt ☐
her jeans ☐

2. What gift did she give her friend?
a watch ☐
flowers ☐
a book ☐

3. Who did she meet at the party?
Sam ☐
Lana ☐
Will ☐

4. What did she eat at the party?
burger ☐
pizza ☐
chicken ☐

5. Which music did she dance to?
jazz ☐
rock ☐
pop ☐

26 CHECK-LIST

Les verbes irréguliers au prétérit ☐ **Aa** Les connecteurs chronologiques ☐ Décrire le passé ☐

27 Vocabulaire

27.2 LES USTENSILES DE CUISINE

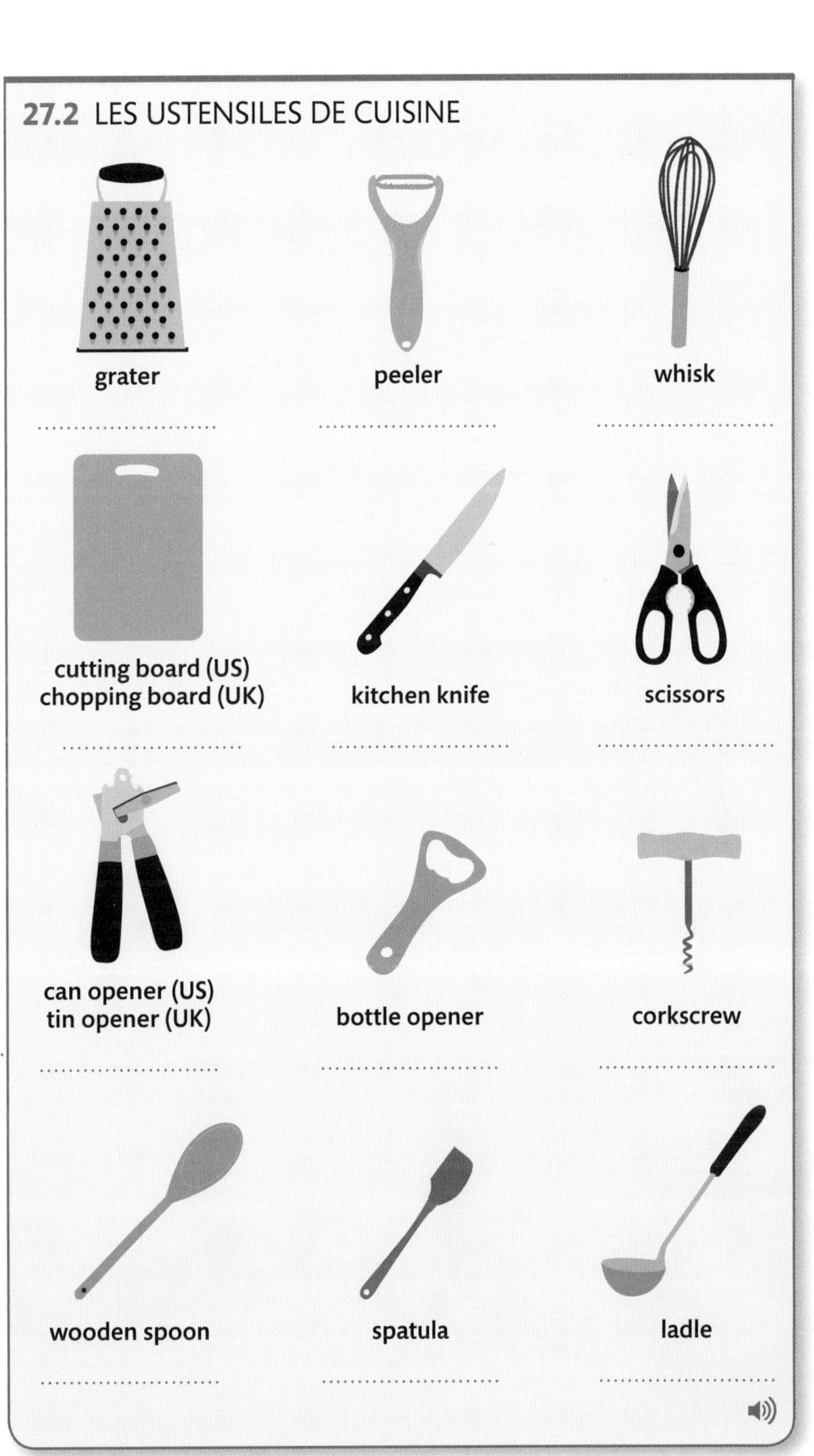

28 Raconter une histoire

Vous pouvez employer « about » pour parler du sujet d'un film, d'un spectacle ou d'une histoire. Utilisez des adjectifs pour étoffer votre description.

Grammaire « About », l'opinion
Vocabulaire L'opinion
Compétence Parler des médias et de la culture

28.1 POINT CLÉ « ABOUT » POUR PARLER DES MÉDIAS ET DE LA CULTURE

Utilisez « about » pour donner des informations concernant un film, une pièce de théâtre, un spectacle, une histoire ou un livre.

It's a movie / It's a story / The play is about **a mystery. / a lawyer. / two brothers.**

Ce terme introduit le sujet de l'histoire.

Ceci est l'information supplémentaire de l'histoire.

28.2 AUTRES EXEMPLES « ABOUT » POUR PARLER DES MÉDIAS ET DE LA CULTURE

The movie is a thriller about two New York police officers.

It's a story about a young couple in the countryside.

The book is about a French city during the 1920s.

28.3 ÉCOUTEZ L'ENREGISTREMENT, PUIS NUMÉROTEZ LES IMAGES DANS LE BON ORDRE.

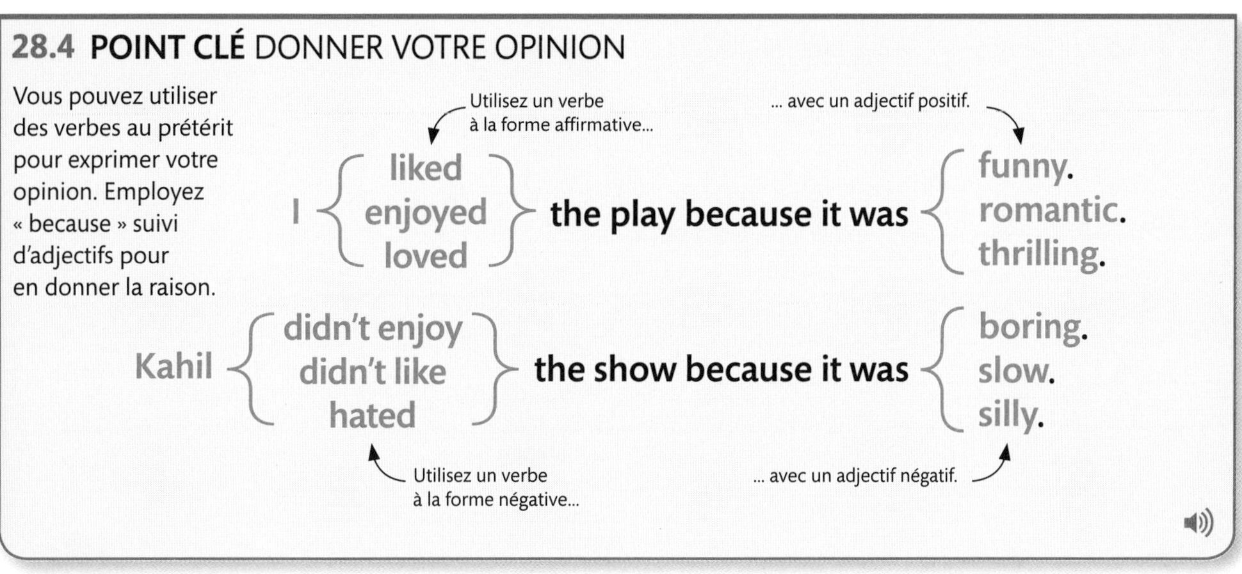

28.4 POINT CLÉ DONNER VOTRE OPINION

Vous pouvez utiliser des verbes au prétérit pour exprimer votre opinion. Employez « because » suivi d'adjectifs pour en donner la raison.

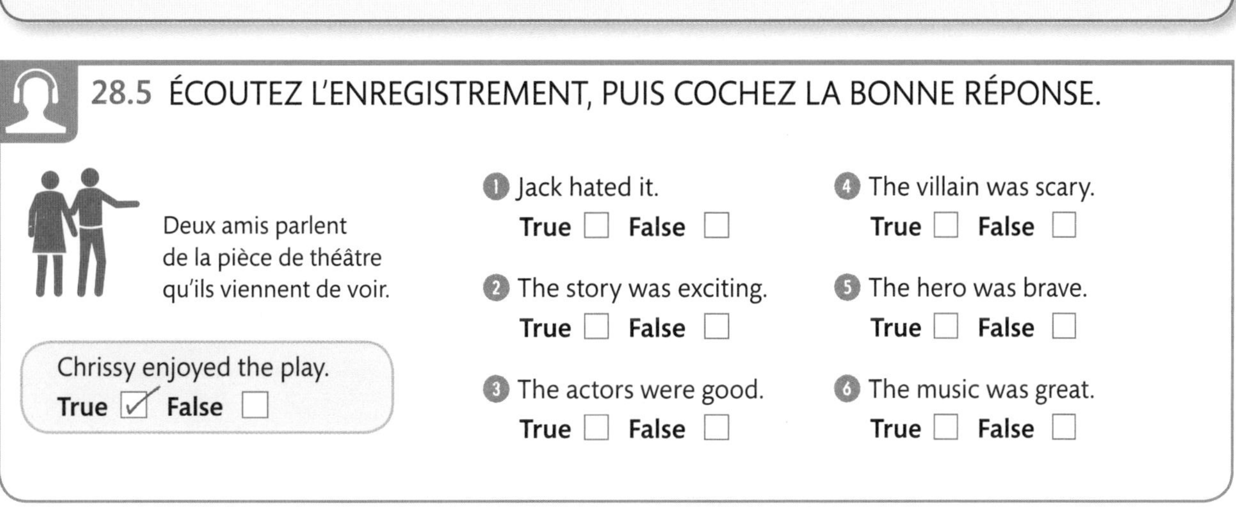

28.5 ÉCOUTEZ L'ENREGISTREMENT, PUIS COCHEZ LA BONNE RÉPONSE.

Deux amis parlent de la pièce de théâtre qu'ils viennent de voir.

Chrissy enjoyed the play.
True ☑ **False** ☐

1. Jack hated it.
   True ☐ **False** ☐
2. The story was exciting.
   True ☐ **False** ☐
3. The actors were good.
   True ☐ **False** ☐
4. The villain was scary.
   True ☐ **False** ☐
5. The hero was brave.
   True ☐ **False** ☐
6. The music was great.
   True ☐ **False** ☐

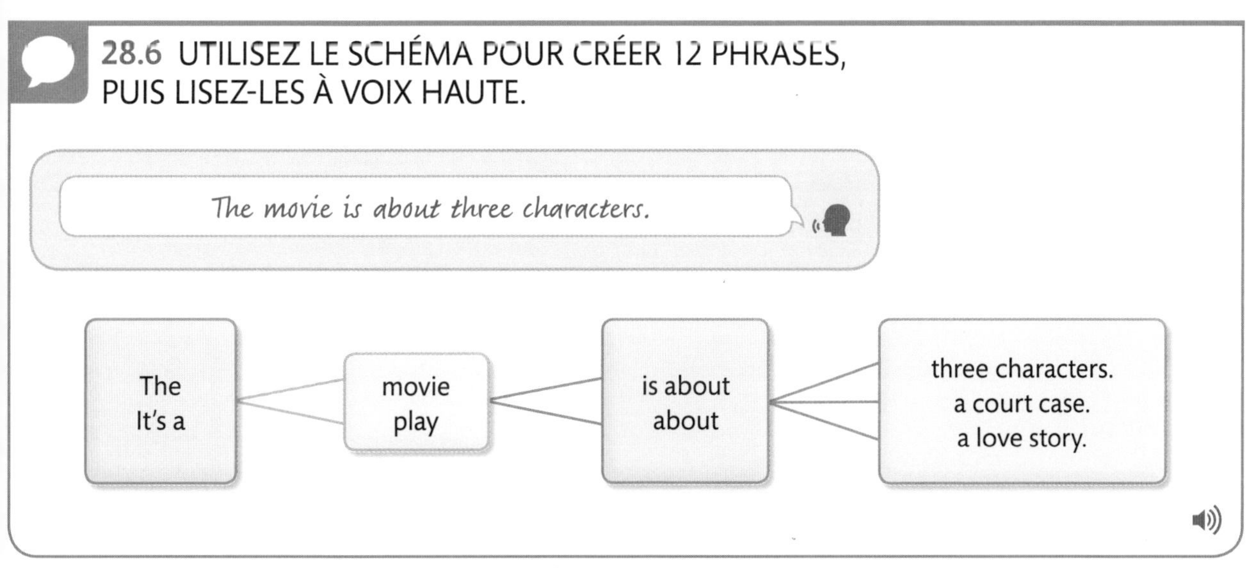

28.6 UTILISEZ LE SCHÉMA POUR CRÉER 12 PHRASES, PUIS LISEZ-LES À VOIX HAUTE.

The movie is about three characters.

28.7 LISEZ LA CRITIQUE SUIVANTE, PUIS RÉPONDEZ AUX QUESTIONS.

What type of show is it?
It is a musical.

1. What does Millie enjoy?

2. Where does she learn to sing?

3. What is the name of her music teacher?

4. Who is the villain?

5. Is Millie played by an adult?

STAGE REVIEW

Millie's Magic!

The latest show in town is a hit

Millie's Magical Music is a wonderful new show. The story is about a little girl called Millie. She loves singing. In her bedroom, she listens to songs and learns how to sing them. At school, she has a kind English teacher called Miss Graham and a terrible music teacher called Miss Cafferty, who is the villain of the story. Both Miss Graham and Miss Cafferty hear Millie's beautiful voice. Miss Graham wants everyone to hear Millie, but Miss Cafferty wants to stop her singing.

It's an enjoyable story about music, friendship, and hope.

Many of the actors in this musical are children and they are all excellent, especially Millie. The songs in the musical are very good, too.

I really liked the music. It's a hit!

28.8 RÉCRIVEZ CHAQUE PHRASE À L'AIDE DES MOTS DE LA LISTE POUR DIRE SON CONTRAIRE.

The musical was **wonderful**.
The musical was awful.

1. Millie **loves** singing.

2. Millie has **beautiful** costumes.

3. Many of the actors were **excellent**.

4. The songs are very **good**.

5. I really **loved** the music.

bad | hated | ~~awful~~ | hates | terrible | ugly

Aa 28.9 LISEZ LES INDICES, PUIS ÉCRIVEZ DANS LA GRILLE AU BON ENDROIT LES RÉPONSES QUE VOUS TROUVEREZ DANS LA LISTE.

1. The bad guy, the hero fights this person
2. A true story with real people, not actors
3. A funny story that makes people laugh
4. A story told in a theater
5. A person who writes novels
6. An exciting story

1 v i l l 6 a i n

adventure, author, play, comedy, ~~villain~~, documentary

28 CHECK-LIST

« About », l'opinion ☐ Aa L'opinion ☐ Parler des médias et de la culture ☐

BILAN L'ANGLAIS QUE VOUS AVEZ APPRIS DANS LES CHAPITRES 21-28

NOUVEAU POINT LINGUISTIQUE	EXEMPLE TYPE	☑	CHAPITRE
ÉCRIRE ET DIRE LES DATES	**His birthday is on** May 10. **My meeting is on** the 18th of May.	☐	21.1, 21.2
LE PRÉTÉRIT DE « TO BE »	She was **a student in 1985.** Was he **in India last year?** He wasn't **in France.**	☐	22.1, 22.7
LE PRÉTÉRIT DES VERBES RÉGULIERS	I visited **Luke last Friday.** I didn't play **tennis.**	☐	23.1
« COULD » ET COMPÉTENCES PASSÉES	I could **climb trees when I was younger.**	☐	24.1
LE PRÉTÉRIT DES VERBES IRRÉGULIERS	I went **to the movies last night.** I didn't go **last week.**	☐	26.1
DONNER SON OPINION SUR LA CULTURE	**It's a movie** about **two brothers.** I enjoyed **it because** it was thrilling.	☐	28.1, 28.4

29 Poser des questions sur le passé

Vous pouvez utiliser « did » pour poser des questions sur des événements passés, des voyages ou des vacances.

Grammaire La forme interrogative au prétérit
Vocabulaire Les voyages et les activités
Compétence Parler de ses vacances

29.1 POINT CLÉ LES QUESTIONS FERMÉES AU PRÉTÉRIT

29.2 AUTRES EXEMPLES LES QUESTIONS FERMÉES AU PRÉTÉRIT

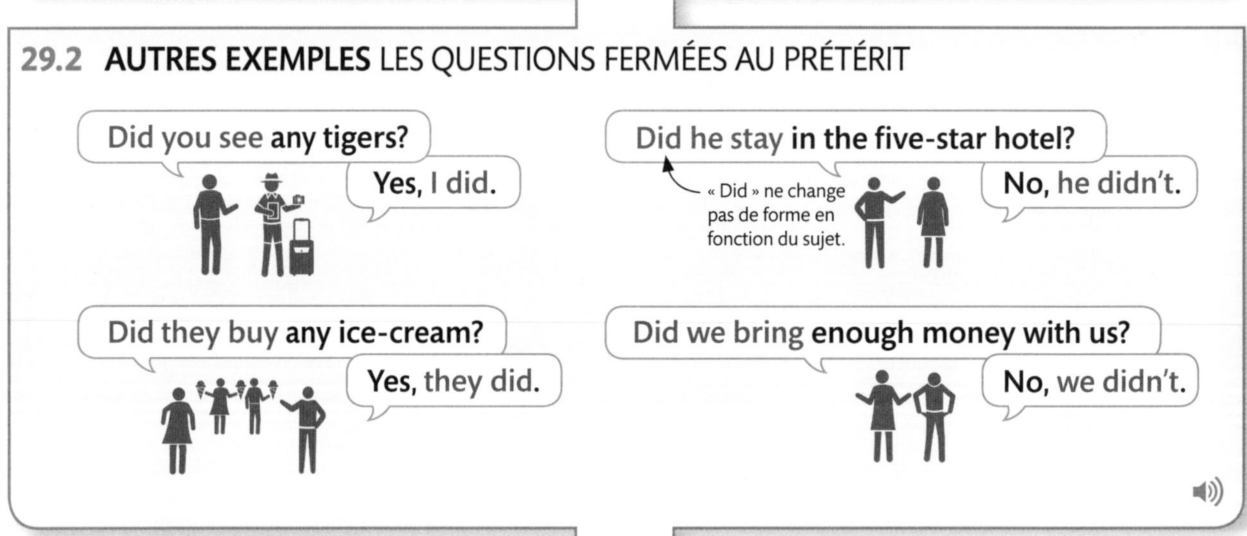

29.3 CONSTRUCTION LES QUESTIONS FERMÉES AU PRÉTÉRIT

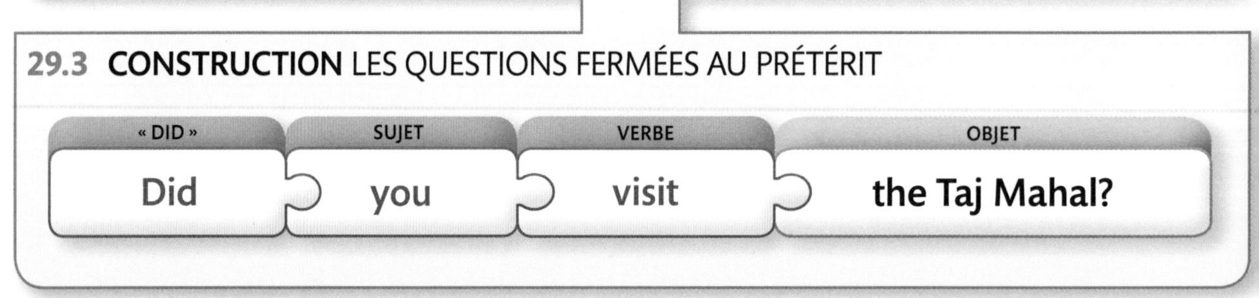

29.4 ÉCOUTEZ L'ENREGISTREMENT, PUIS NUMÉROTEZ LES IMAGES DANS LE BON ORDRE.

Bea parle de ses vacances en Inde.

A ☐

B 1

C ☐

D ☐

E ☐

29.5 RELIEZ CHAQUE QUESTION À LA RÉPONSE CORRESPONDANTE.

Did you get the job? → Yes, I did.

1. Did I have lunch today?
2. Did the dog eat its dinner?
3. Did they go to Venezuela?
4. Did we win the competition?

- Yes, we did.
- Yes, I did.
- No, you didn't.
- Yes, it did.
- No, they didn't.

29.6 TRANSFORMEZ LES AFFIRMATIONS EN INTERROGATIONS.

They went paragliding in Greece.
Did they go paragliding in Greece?

1. They gave Ellie a present.
____
2. You stayed in an expensive hotel.
____
3. His mother bought a lot of postcards.
____
4. Your brother climbed a mountain.
____
5. Their parents took lots of photos.
____

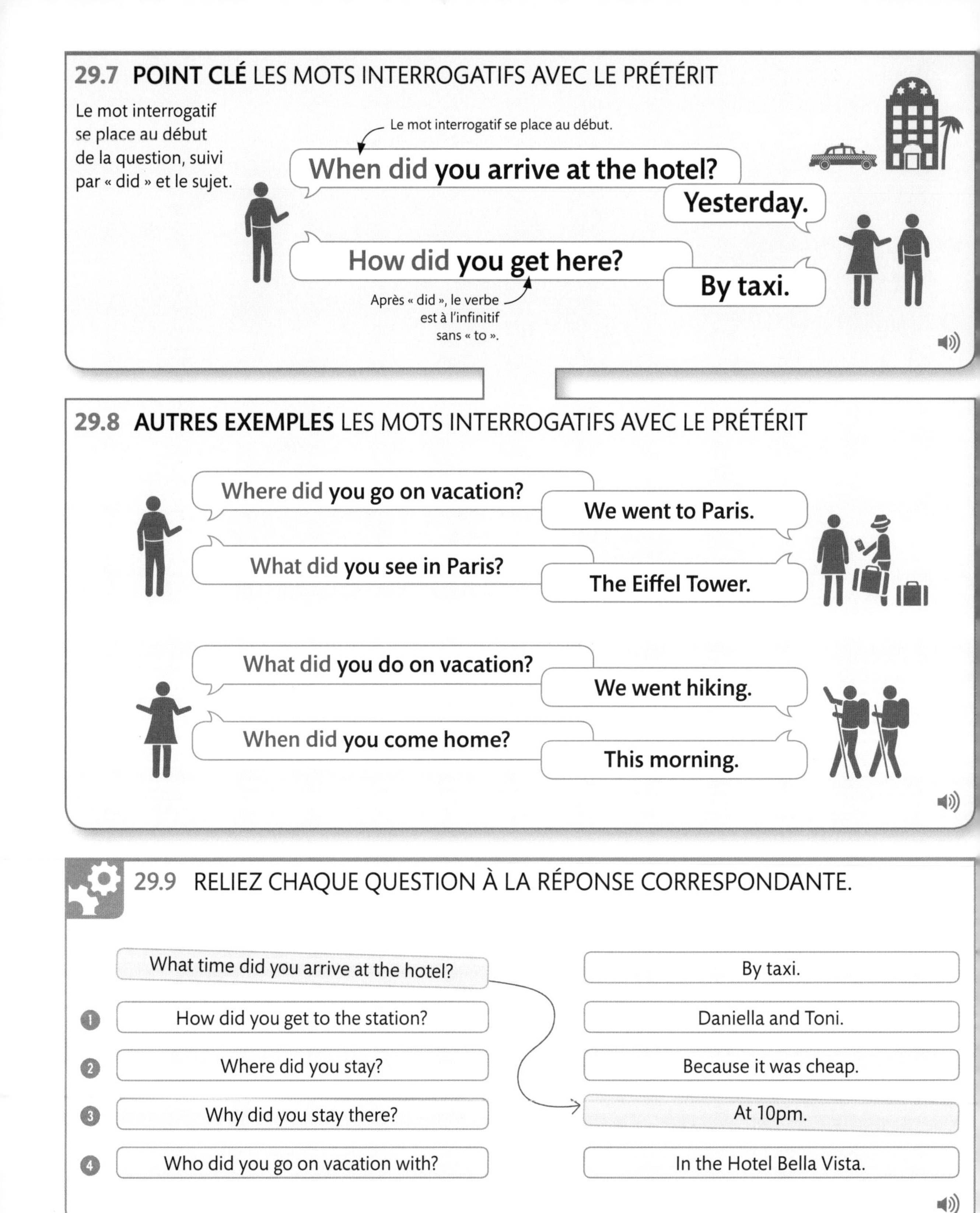

29.7 POINT CLÉ LES MOTS INTERROGATIFS AVEC LE PRÉTÉRIT

Le mot interrogatif se place au début de la question, suivi par « did » et le sujet.

Le mot interrogatif se place au début.

When did you arrive at the hotel?

Yesterday.

How did you get here?

By taxi.

Après « did », le verbe est à l'infinitif sans « to ».

29.8 AUTRES EXEMPLES LES MOTS INTERROGATIFS AVEC LE PRÉTÉRIT

Where did you go on vacation?

We went to Paris.

What did you see in Paris?

The Eiffel Tower.

What did you do on vacation?

We went hiking.

When did you come home?

This morning.

29.9 RELIEZ CHAQUE QUESTION À LA RÉPONSE CORRESPONDANTE.

What time did you arrive at the hotel?	By taxi.
1 How did you get to the station?	Daniella and Toni.
2 Where did you stay?	Because it was cheap.
3 Why did you stay there?	At 10pm.
4 Who did you go on vacation with?	In the Hotel Bella Vista.

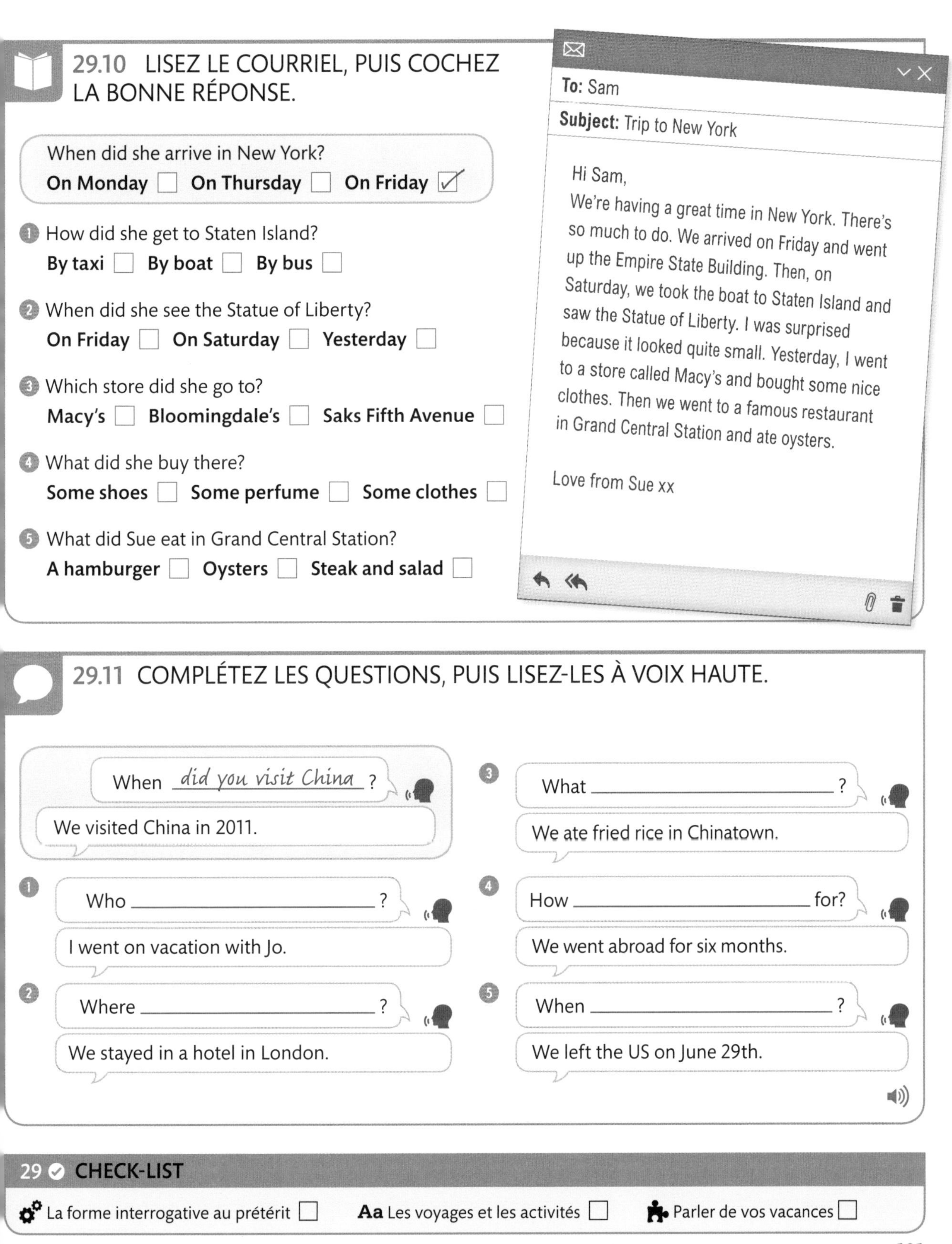

29.10 LISEZ LE COURRIEL, PUIS COCHEZ LA BONNE RÉPONSE.

When did she arrive in New York?
On Monday ☐ **On Thursday** ☐ **On Friday** ☑

1. How did she get to Staten Island?
   By taxi ☐ **By boat** ☐ **By bus** ☐
2. When did she see the Statue of Liberty?
   On Friday ☐ **On Saturday** ☐ **Yesterday** ☐
3. Which store did she go to?
   Macy's ☐ **Bloomingdale's** ☐ **Saks Fifth Avenue** ☐
4. What did she buy there?
   Some shoes ☐ **Some perfume** ☐ **Some clothes** ☐
5. What did Sue eat in Grand Central Station?
   A hamburger ☐ **Oysters** ☐ **Steak and salad** ☐

To: Sam
Subject: Trip to New York

Hi Sam,
We're having a great time in New York. There's so much to do. We arrived on Friday and went up the Empire State Building. Then, on Saturday, we took the boat to Staten Island and saw the Statue of Liberty. I was surprised because it looked quite small. Yesterday, I went to a store called Macy's and bought some nice clothes. Then we went to a famous restaurant in Grand Central Station and ate oysters.

Love from Sue xx

29.11 COMPLÉTEZ LES QUESTIONS, PUIS LISEZ-LES À VOIX HAUTE.

When *did you visit China* ?
We visited China in 2011.

1. Who ______________________ ?
   I went on vacation with Jo.
2. Where ______________________ ?
   We stayed in a hotel in London.
3. What ______________________ ?
   We ate fried rice in Chinatown.
4. How ______________________ for?
   We went abroad for six months.
5. When ______________________ ?
   We left the US on June 29th.

29 CHECK-LIST

La forme interrogative au prétérit ☐ **Aa** Les voyages et les activités ☐ Parler de vos vacances ☐

30 Postuler à un emploi

Si vous voulez trouver un emploi, vous devez comprendre les mots et expressions utilisés dans les annonces et sur les sites de recrutement.

Grammaire Les réponses d'entretien
Vocabulaire Les mots et les expressions de l'emploi
Compétence Gérer les candidatures

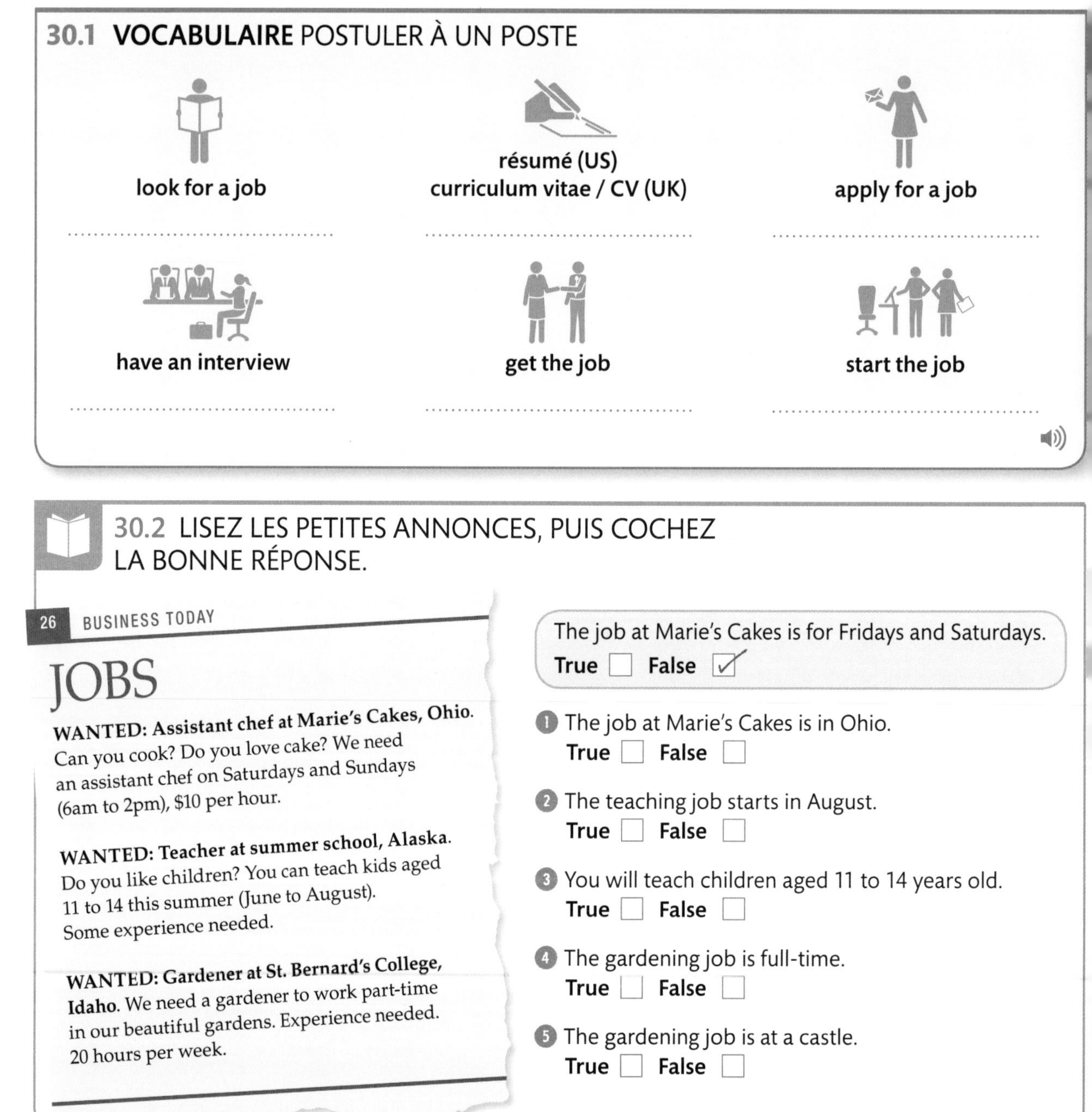

26 BUSINESS TODAY

JOBS

WANTED: Assistant chef at Marie's Cakes, Ohio. Can you cook? Do you love cake? We need an assistant chef on Saturdays and Sundays (6am to 2pm), $10 per hour.

WANTED: Teacher at summer school, Alaska. Do you like children? You can teach kids aged 11 to 14 this summer (June to August). Some experience needed.

WANTED: Gardener at St. Bernard's College, Idaho. We need a gardener to work part-time in our beautiful gardens. Experience needed. 20 hours per week.

The job at Marie's Cakes is for Fridays and Saturdays.
True ☐ False ☑

1. The job at Marie's Cakes is in Ohio.
True ☐ False ☐

2. The teaching job starts in August.
True ☐ False ☐

3. You will teach children aged 11 to 14 years old.
True ☐ False ☐

4. The gardening job is full-time.
True ☐ False ☐

5. The gardening job is at a castle.
True ☐ False ☐

30.3 **VOCABULAIRE** LES MOTS DE VOTRE CV

qualification ....

work experience ....

hobby ....

interest ....

reference ....

30.4 COMPLÉTEZ LES PHRASES AVEC LES MOTS DE LA LISTE.

I need to give the interviewer a *reference* from my last boss.

1. My ______________ include degrees in biology and chemistry.
2. The interview at the bank went really well. I've ______________ .
3. The manager read my ______________ and said it was really good.
4. I can ______________ the job in January.
5. You need to ______________ before you can get the job.

have an interview | ~~reference~~ | qualifications | résumé | got the job | start

30.5 ÉCOUTEZ L'ENREGISTREMENT, PUIS NUMÉROTEZ LES IMAGES DANS LE BON ORDRE.

Tom Wills passe un entretien d'embauche.

A. Why do you want this job? ☐

B. What did you do at the store? ☐

C. Why did you study English at college? 1

D. When can you start work? ☐

E. Why did you leave the music store? ☐

F. Are you good at working with people? ☐

30 CHECK-LIST

Les réponses d'entretien ☐ | **Aa** Les mots et les expressions de l'emploi ☐ | Gérer les candidatures ☐

31 Les types de question

Il existe deux types de questions : les questions-sujets et les questions-objets. Ces questions se construisent de différentes façons en fonction de ce que l'on veut demander.

Grammaire Les questions-sujets et questions-o
Vocabulaire Le lexique du monde professionne
Compétence Poser différents types de questions

31.1 POINT CLÉ LES QUESTIONS-OBJETS

Utilisez les questions-objets pour demander pour qui est l'action, et non qui a fait l'action. Ces questions sont appelées questions-objets parce que le mot interrogatif est l'objet du verbe principal.

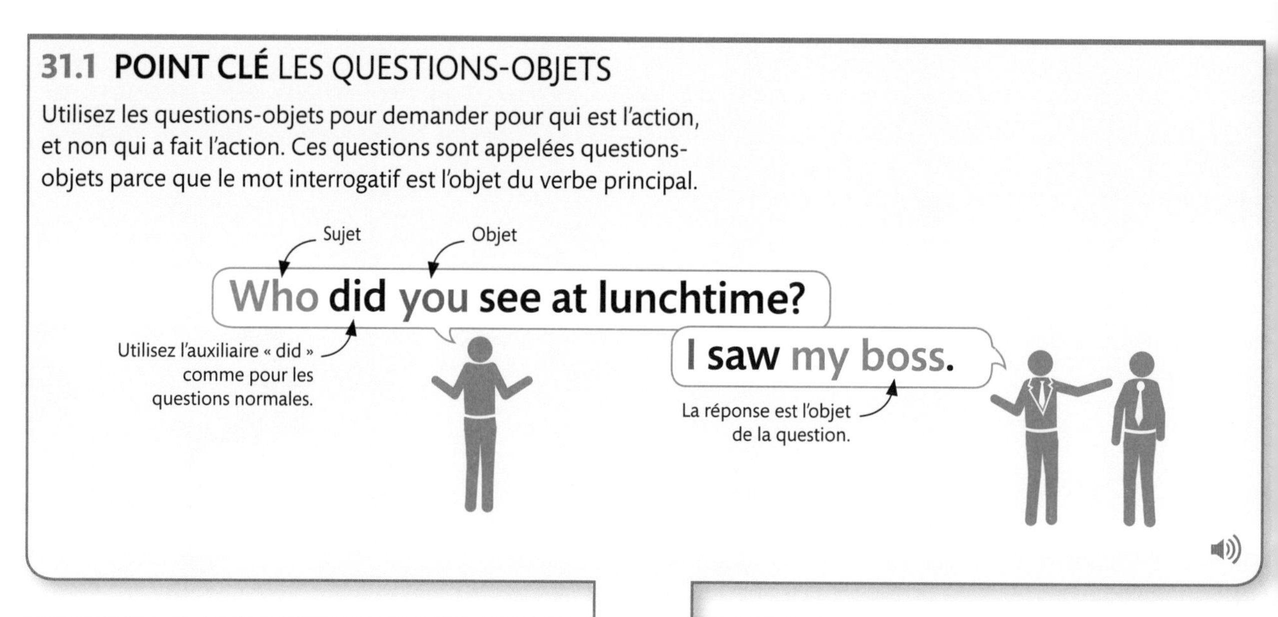

31.2 AUTRES EXEMPLES LES QUESTIONS-OBJETS

31.3 CONSTRUCTION LES QUESTIONS-OBJETS

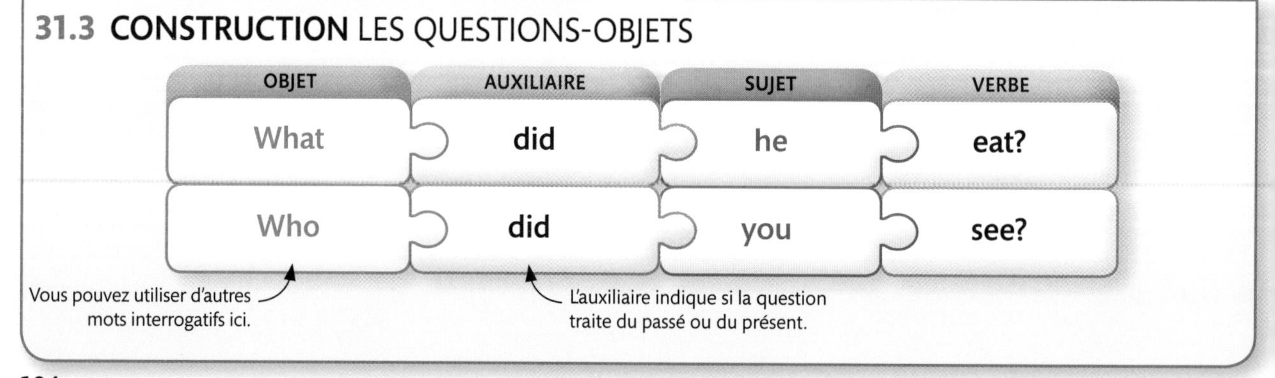

OBJET	AUXILIAIRE	SUJET	VERBE
What	did	he	eat?
Who	did	you	see?

31.4 **VOCABULAIRE** LE MONDE PROFESSIONNEL

customer ....

boss ....

manager ....

salary ....

pay ....

staff ....

company ....

nine-to-five job ....

part-time ....

full-time ....

31.5 ÉCOUTEZ, PUIS COCHEZ LA BONNE RÉPONSE.

Gemma et Arjun parlent de leur lieu de travail.

Gemma likes her manager.
True ☐ **False** ☑

1. Gemma doesn't work in an office now.
True ☐ **False** ☐

2. Arjun wants a higher salary.
True ☐ **False** ☐

3. They like working from 9am to 5pm.
True ☐ **False** ☐

4. Gemma is going on vacation in October.
True ☐ **False** ☐

5. Arjun likes talking to the customers.
True ☐ **False** ☐

31.6 POUR CHAQUE AFFIRMATION, POSEZ LA BONNE QUESTION.

I had lunch with my boss on Monday.
Who *did you have lunch with on Monday?*

1. Sharon got a new job yesterday.
What ____________________

2. My boss had a meeting this morning.
What ____________________

3. I want a higher salary.
What ____________________

4. The staff phoned all our customers last month.
Who ____________________

5. I saw my manager on TV last night.
Who ____________________

31.7 POINT CLÉ LES QUESTIONS-SUJETS

Utilisez les questions-sujets pour demander qui a fait l'action. Ces questions sont appelées questions-sujets parce que le mot interrogatif est le sujet du verbe principal.

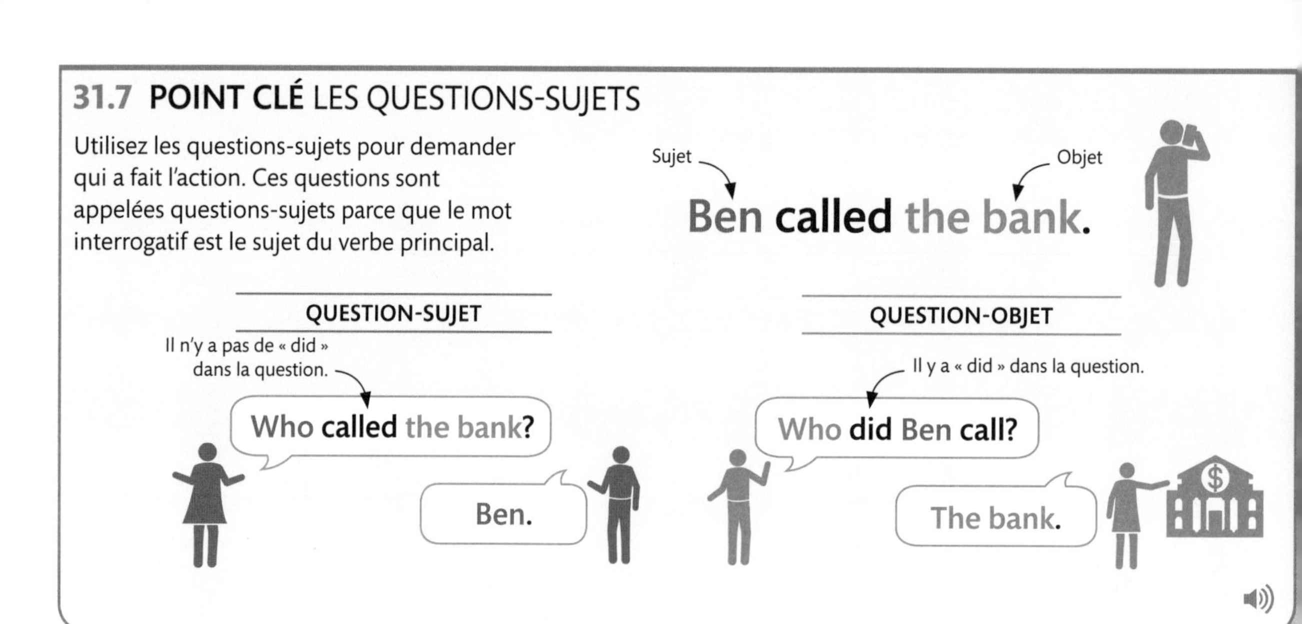

31.8 AUTRES EXEMPLES LES QUESTIONS-SUJETS ET LES QUESTIONS-OBJETS

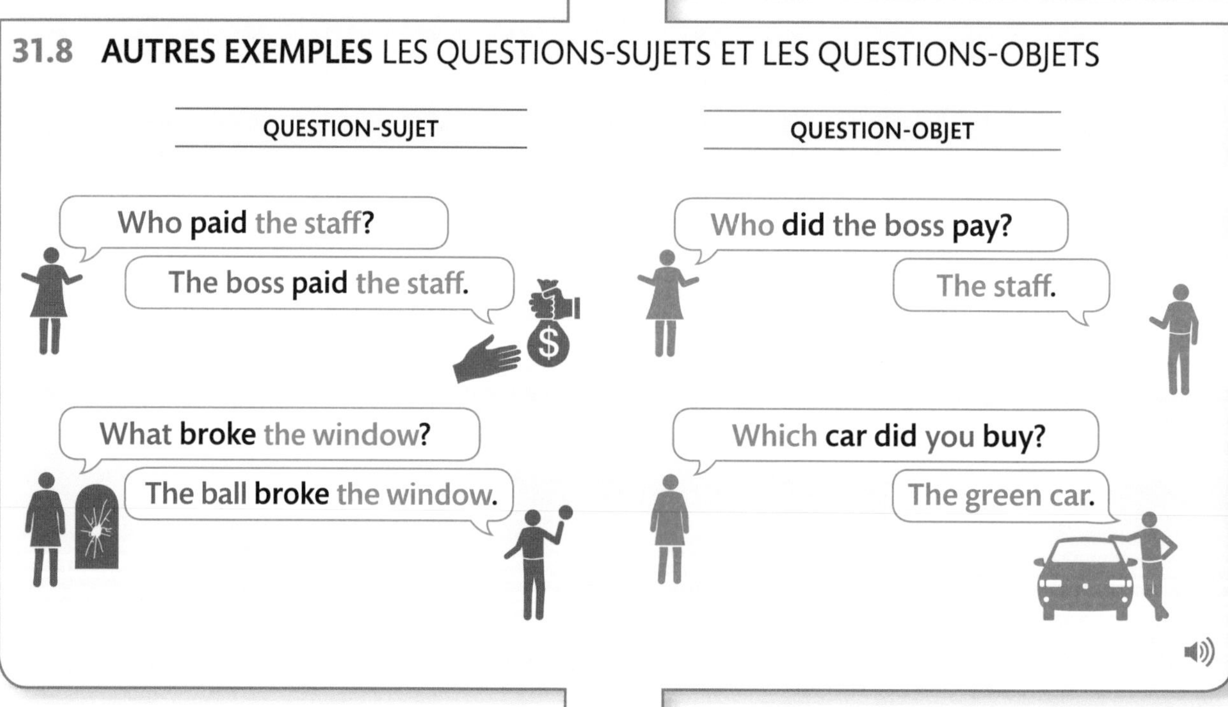

31.9 CONSTRUCTION LES QUESTIONS-SUJETS

« Who » est le pronom le plus utilisé dans les questions-sujets, mais vous pourrez en entendre d'autres.

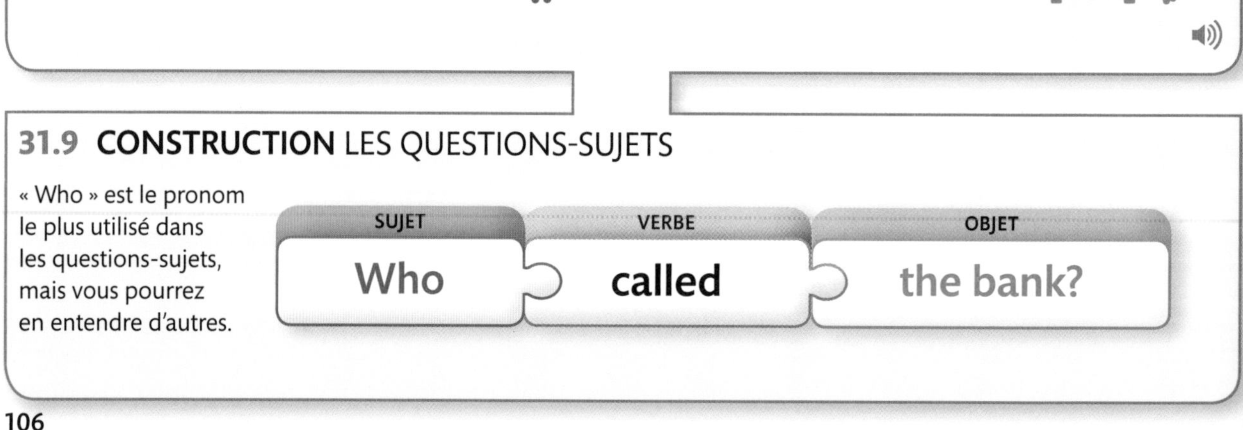

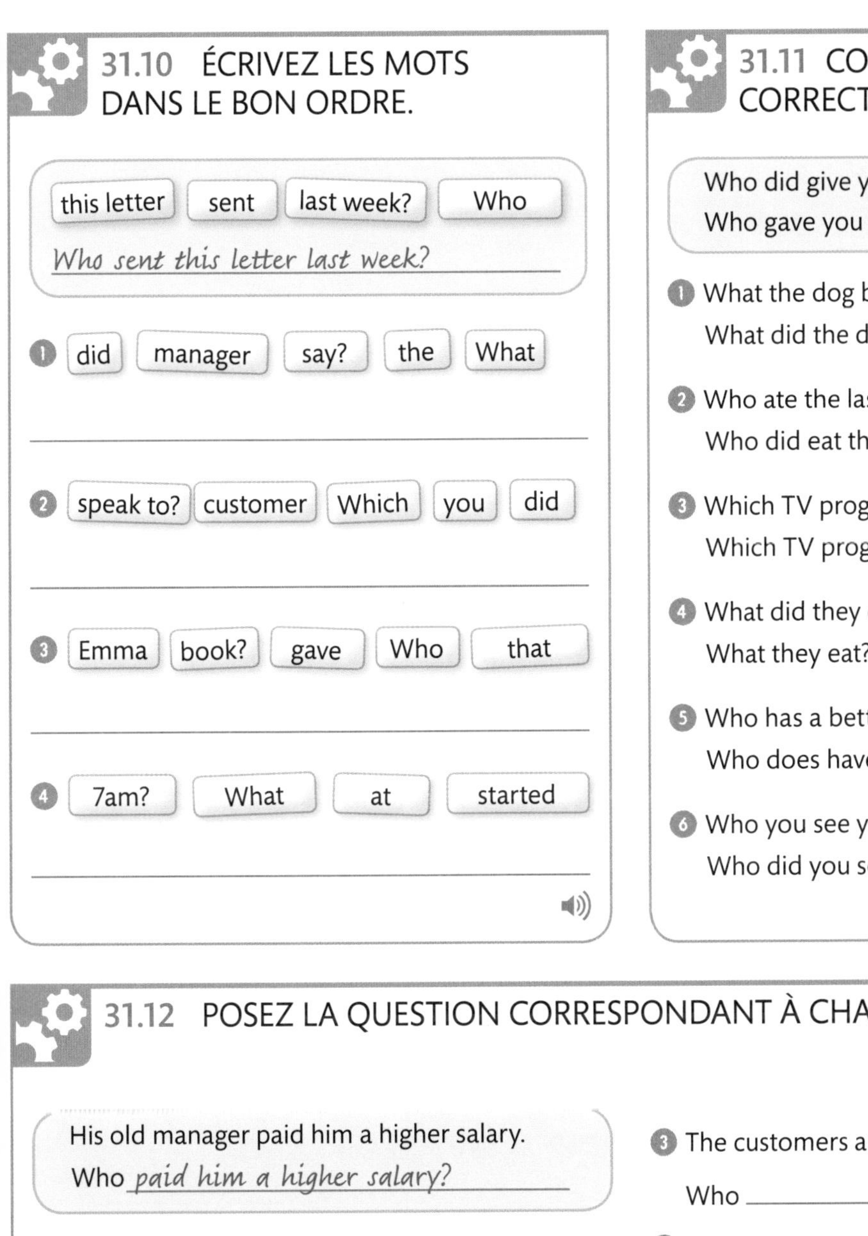

31.10 ÉCRIVEZ LES MOTS DANS LE BON ORDRE.

this letter | sent | last week? | Who

Who sent this letter last week?

1. did | manager | say? | the | What

____

2. speak to? | customer | Which | you | did

____

3. Emma | book? | gave | Who | that

____

4. 7am? | What | at | started

____

31.11 COCHEZ LA QUESTION CORRECTE.

Who did give you the present? ☐
Who gave you the present? ☑

1. What the dog break? ☐
   What did the dog break? ☐
2. Who ate the last piece of cake? ☐
   Who did eat the last piece of cake? ☐
3. Which TV program does start at 9pm? ☐
   Which TV program starts at 9pm? ☐
4. What did they eat? ☐
   What they eat? ☐
5. Who has a better job now? ☐
   Who does have a better job now? ☐
6. Who you see yesterday? ☐
   Who did you see yesterday? ☐

31.12 POSEZ LA QUESTION CORRESPONDANT À CHAQUE AFFIRMATION.

His old manager paid him a higher salary.
Who *paid him a higher salary?*

1. Arjun started a full-time job last month.
   What ______________________________
2. The office has a new door.
   What ______________________________
3. The customers are waiting outside.
   Who ______________________________
4. Mark wants to be a teacher.
   What ______________________________
5. The boss wants a new office this year.
   What ______________________________

31 CHECK-LIST

Questions-sujets et questions-objets ☐ **Aa** Le lexique du monde professionnel ☐ Poser différents types de questions ☐

32 « Someone », « anyone », « everyone »

Utilisez les pronoms indéfinis « anyone », « someone » et « everyone » pour faire référence à une personne ou à un groupe de personnes, sans préciser de qui il s'agit.

Grammaire Les pronoms indéfinis
Aa Vocabulaire Le lexique du bureau
Compétence Parler des gens en général

32.1 POINT CLÉ « SOMEONE » ET « ANYONE »

Utilisez « someone » ou « somebody » pour faire référence à une personne dans une affirmation, et « anyone » dans une question ou une phrase négative.

Yes, someone called you at 11 o'clock.

Vous pouvez aussi utiliser « somebody ». Les deux termes signifient « quelqu'un ».

32.2 AUTRES EXEMPLES « SOMEONE » ET « ANYONE »

Someone is working late. 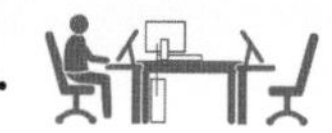

Somebody left this letter on my desk. 

Did anyone buy a gift for Mrs. Tan? 

I didn't give anybody your name. 

L'énoncé est négatif ; il faut donc utiliser « anybody/anyone ».

32.3 BARREZ LE MOT INCORRECT DANS CHAQUE PHRASE.

I saw ~~anyone~~ / someone at reception this morning.

1. Please ask anyone / someone to phone Mr. Richards immediately.
2. Mrs. Turner didn't give anyone / someone any work to do this week.
3. Can I give anyone / someone a lift to the station tomorrow morning?
4. Mr. Phillips needs anyone / someone to go with him to the hospital.
5. I'm sorry, but there isn't anyone / someone in the office at the moment.

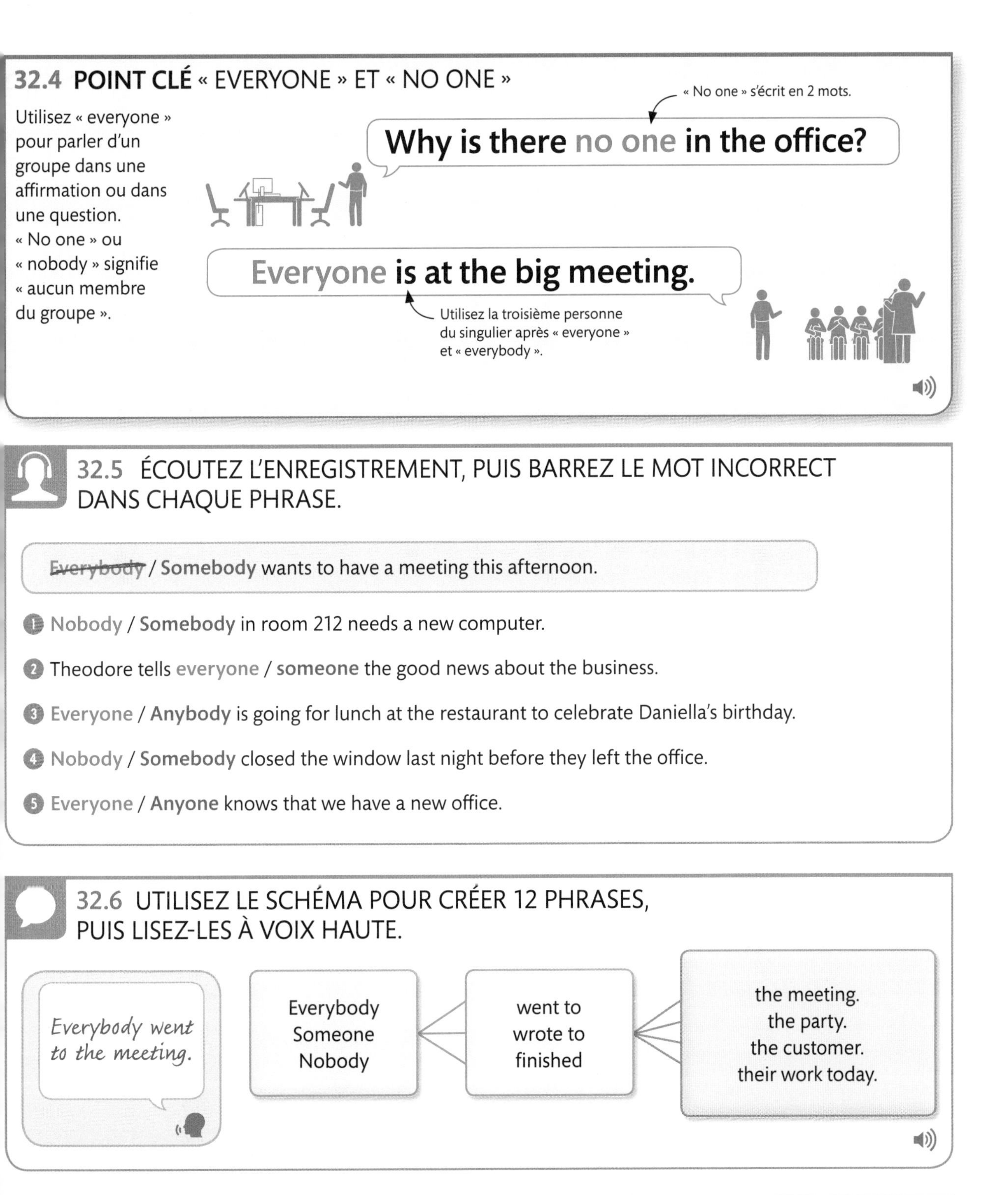

32.4 POINT CLÉ « EVERYONE » ET « NO ONE »

Utilisez « everyone » pour parler d'un groupe dans une affirmation ou dans une question. « No one » ou « nobody » signifie « aucun membre du groupe ».

« No one » s'écrit en 2 mots.

Why is there no one in the office?

Everyone is at the big meeting.

Utilisez la troisième personne du singulier après « everyone » et « everybody ».

32.5 ÉCOUTEZ L'ENREGISTREMENT, PUIS BARREZ LE MOT INCORRECT DANS CHAQUE PHRASE.

~~Everybody~~ / **Somebody** wants to have a meeting this afternoon.

1. Nobody / **Somebody** in room 212 needs a new computer.
2. Theodore tells everyone / **someone** the good news about the business.
3. Everyone / **Anybody** is going for lunch at the restaurant to celebrate Daniella's birthday.
4. Nobody / **Somebody** closed the window last night before they left the office.
5. Everyone / **Anyone** knows that we have a new office.

32.6 UTILISEZ LE SCHÉMA POUR CRÉER 12 PHRASES, PUIS LISEZ-LES À VOIX HAUTE.

Everybody went to the meeting.

Everybody Someone Nobody	went to wrote to finished	the meeting. the party. the customer. their work today.

32 CHECK-LIST

Les pronoms indéfinis ☐ **Aa** Le lexique du bureau ☐ Parler des gens en général ☐

33 Converser

Les questions courtes permettent de manifester son intérêt lors d'une conversation. Utilisez-les pour maintenir le dialogue.

Grammaire Les questions courtes
Vocabulaire Les mots interrogatifs
Compétence Poser des questions courtes

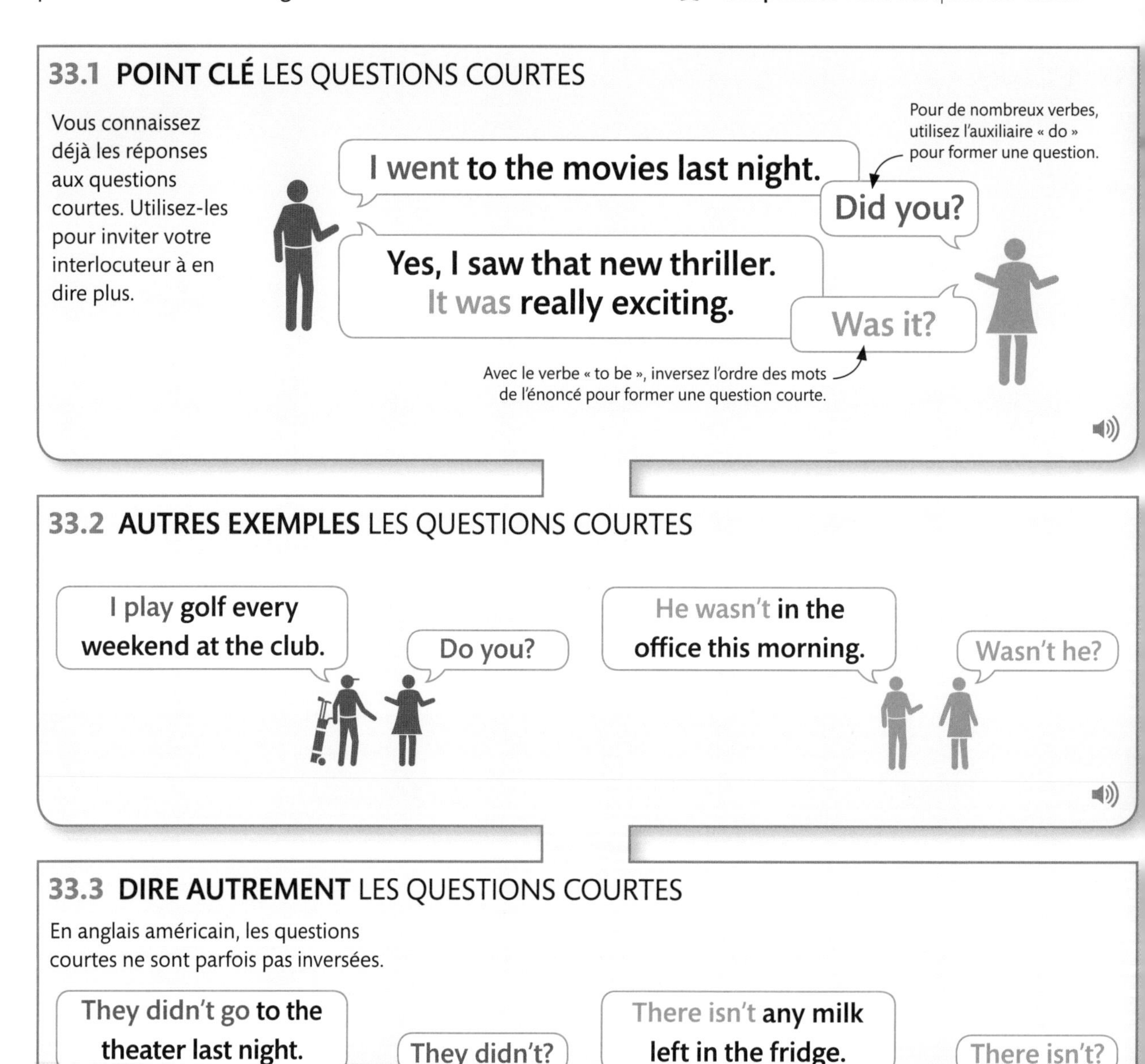

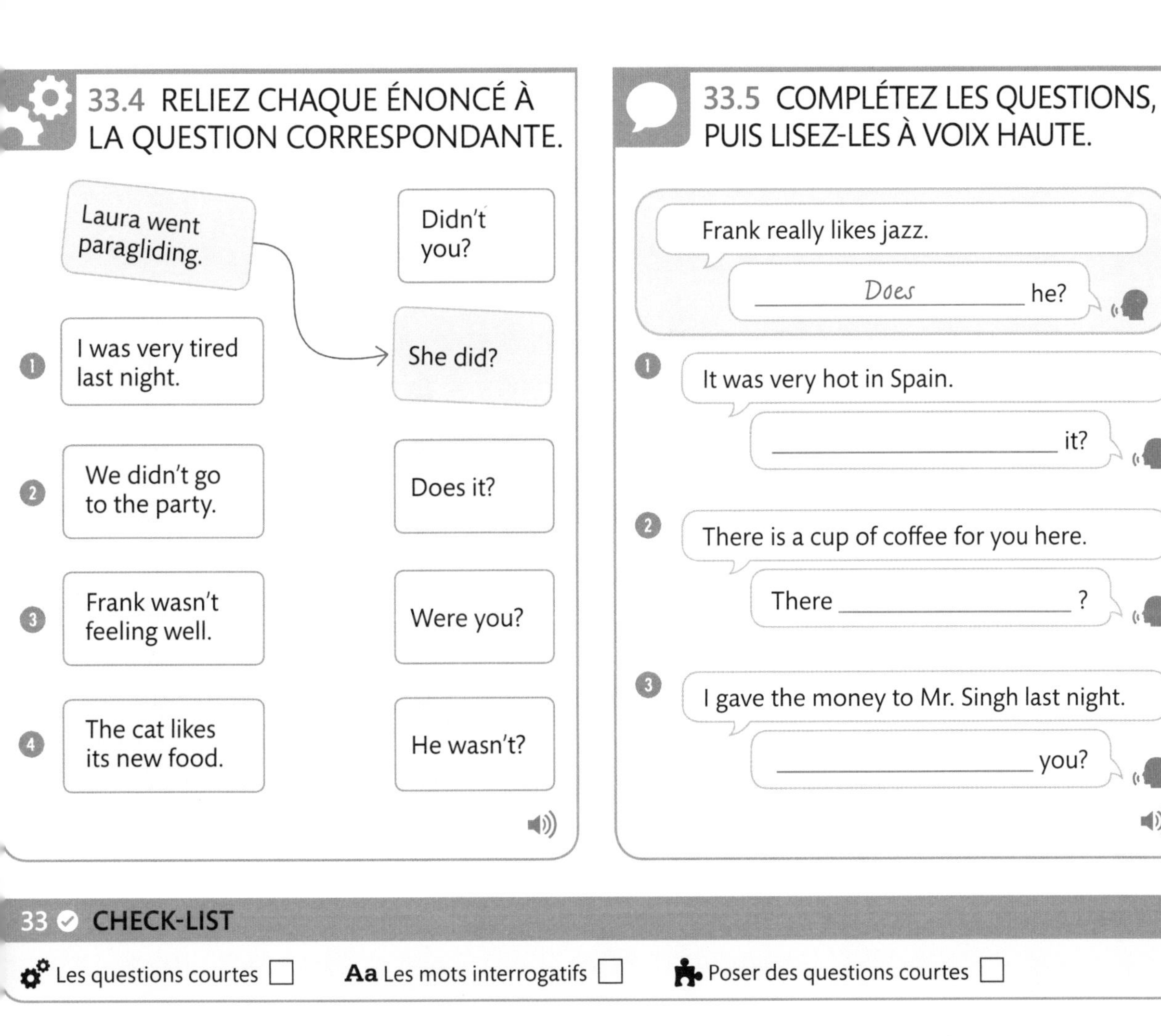

33 CHECK-LIST

Les questions courtes ☐ Aa Les mots interrogatifs ☐ Poser des questions courtes ☐

BILAN L'ANGLAIS QUE VOUS AVEZ APPRIS DANS LES CHAPITRES 29-33

NOUVEAU POINT LINGUISTIQUE	EXEMPLE TYPE	☑	CHAPITRE
LES QUESTIONS AU PRÉTÉRIT	"Did you have a good vacation?" "Yes, we went to India."	☐	29.1, 29.3, 29.7
LES QUESTIONS-SUJETS ET LES QUESTIONS-OBJETS	Who did you see at lunchtime? Who did Ben call?	☐	31.1, 31.7, 31.8
« SOMEONE » ET « ANYONE »	"Did anyone call me this morning?" "Yes, someone called at 11 o'clock."	☐	32.1, 32.2
« EVERYONE » ET « NO ONE »	"Why is there no one in the office?" "Everyone is at the big meeting."	☐	32.4
« EVERYONE » ET « NO ONE »	"I went to the movies last night." "Did you?" "It was really exciting." "Was it?"	☐	33.1, 33.2

34 Vocabulaire

34.1 SORTIR

art gallery

book club

night club

concert hall

fun fair

circus

restaurant

bar

menu

waiter

waitress

check (US)
bill (UK)

ballet

opera

band

orchestra

musician

festival

concert

show

audience

applause

meet friends

go clubbing

go dancing

go to a party

go to a restaurant

go to the movies (US)
go to the cinema (UK)

see a play

do karaoke

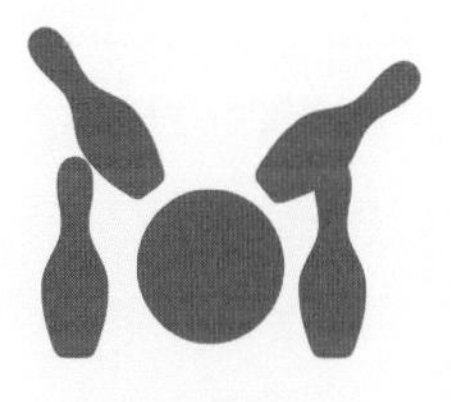

go bowling

buy a ticket

35 Parler de vos dispositions futures

Vous pouvez utiliser le présent continu pour parler de choses qui se déroulent dans le moment présent. Mais vous pouvez aussi employer le présent continu pour parler d'événements futurs.

Grammaire Le futur avec le présent continu
Vocabulaire S'excuser
Compétence Parler de vos dispositions futures

35.1 POINT CLÉ LE PRÉSENT CONTINU POUR PARLER D'ÉVÉNEMENTS FUTURS

Utilisez des expressions temporelles pour indiquer si le verbe au présent continu fait référence au présent ou au futur.

« At the moment » fait référence au présent.

Le présent continu fait référence à l'activité présente de Dave.

At the moment Dave is working, but tomorrow he is playing golf.

Le marqueur de temps « tomorrow » fait référence au futur.

Le présent continu fait référence à un événement futur qui est prévu.

35.2 AUTRES EXEMPLES LE PRÉSENT CONTINU POUR PARLER D'ÉVÉNEMENTS FUTURS

Jack's playing soccer now, then later he's seeing a movie.

Sue is studying now, but this evening she's visiting a friend.

Today, I'm playing tennis, but I'm playing golf tomorrow.

Vous pouvez utiliser le marqueur ou l'expression de temps au début ou à la fin de la phrase.

I'm reading at the moment, but I'm going running later.

35.3 POINT CLÉ « ON » ET « IN » AVEC LES JOURS, LES MOIS ET LES DATES

Utilisez la préposition « on » devant les jours de la semaine et les dates spécifiques. Utilisez « in » avec les mois et les années.

I'm working on Tuesday.

I'm working on May 9th.

I'm retiring in June.

I'm retiring in 2035.

35.4 ÉCRIVEZ LES VERBES ENTRE PARENTHÈSES AU PRÉSENT CONTINU.

I *am watching* (watch) TV with my friends tonight.

1. John's cousins ______ (come) to the party tomorrow.
2. I ______ (go) to the dentist tomorrow morning.
3. My family and I ______ (visit) my grandma on Saturday.
4. The managers in my office ______ (have) a meeting this afternoon.
5. A famous band ______ (play) in Central Park this weekend.
6. He ______ (study) for his test tomorrow.

35.5 ÉCOUTEZ L'ENREGISTREMENT, PUIS NUMÉROTEZ LES ACTIVITÉS DANS LE BON ORDRE.

35.6 POINT CLÉ S'EXCUSER

Vous devez parfois expliquer pourquoi vous ne pouvez pas faire quelque chose. Pour être poli, utilisez une expression comme « Sorry, I can't », avant d'expliquer ce qui vous en empêche.

Would you like to go to the movies tonight?

Sorry, I can't. I'm working late.

Commencez par vous excuser pour être poli.

Utilisez le présent continu pour dire ce qui vous en empêche.

35.7 AUTRES EXEMPLES S'EXCUSER

I'd like to, but I'm going to the dentist.

That would be fun, but I'm visiting family.

I'd love to, but I'm meeting friends.

That sounds nice, but I'm playing baseball.

35.8 ÉCRIVEZ LES MOTS SUIVANTS DANS LE BON ORDRE AFIN DE RECONSTITUER LES PHRASES.

35.9 EN VOUS AIDANT DE L'AGENDA, RÉPONDEZ À CHAQUE INVITATION, PUIS LISEZ LES RÉPONSES À VOIX HAUTE.

September 2020

21 SATURDAY

9am – Play soccer with Eva.
Noon – Go to lunch with Aziz.
1:30–3pm – Look after Sandy's baby.
4pm – Go to yoga class.
6pm – Go to dinner with Marco and Olivia.
7:30pm – Go to the theater to see a musical.

Would you like to come swimming at 9am?
I'd love to, but *I'm playing soccer with Eva.*

1. Would you like to come to dinner tonight?
   I'd like to, but ______
2. Would you like to go to lunch today?
   Sorry, I can't. ______
3. Would you like to play tennis at 7:30pm?
   That would be fun, but ______
4. Would you like to go shopping at 2pm?
   That sounds nice, but ______
5. Would you like to go to a dance class at 4pm?
   I'd like to, but ______

35 CHECK-LIST

Le futur avec le présent continu ☐ **Aa** S'excuser ☐ Parler de vos dispositions futures ☐

36 Exprimer vos projets et intentions

Vous pouvez utiliser « going to » pour parler de ce que vous voulez faire dans le futur et évoquer des projets spécifiques.

Grammaire Le futur
Vocabulaire Les mots et expressions temporels
Compétence Parler de vos projets

36.1 POINT CLÉ UTILISER « GOING TO » POUR PARLER DE PROJETS FUTURS

Utilisez le verbe « to be » avec « going to » pour parler de vos projets.

Radical.

I'm going to buy a new car.

We are going to cook dinner tonight.

« Going to » ne change pas en fonction du sujet.

Utilisez un mot temporel pour dire que vous préparerez le dîner.

36.2 AUTRES EXEMPLES UTILISER « GOING TO » POUR PARLER DE PROJETS FUTURS

I'm going to start this book soon.

Sam's going to get fit before his next birthday.

We're going to cycle from Boston to Cape Cod next weekend.

I'm not going to eat any chocolate this month.

Ajoutez « not » après le verbe « to be » pour construire la forme négative.

36.3 CONSTRUCTION UTILISER « GOING TO » POUR PARLER DE PROJETS FUTURS

SUJET	« TO BE »	« GOING TO »	RADICAL	RESTE DE LA PHRASE
He	is	going to	buy	a new car.

36.4 COMPLÉTEZ LES PHRASES SUIVANTES EN CONJUGUANT LES VERBES ENTRE PARENTHÈSES AU FUTUR AVEC « GOING TO ».

Darren and Miki *are going to watch* (watch) a movie tonight.

1. I ______________________ (not eat) sushi for dinner.
2. Debra ______________________ (get) a new job soon.
3. My friends ______________________ (cook) a meal for me next week.
4. Manuel ______________________ (learn) how to scuba dive this summer.
5. We ______________________ (travel) to Dubai in December.

36.5 LISEZ L'ARTICLE, PUIS COCHEZ LA BONNE RÉPONSE.

The Weekly You

VHAT ARE YOUR RESOLUTIONS?

Exercise more or stop eating chocolate? It's a question many of us ask ourselves as the year ends.

Betty from California makes one esolution every year. "I'm not going o give up smoking," she tells us, 'because I did that last time. This year, I'm going to get fit!"

In the US only 8 percent of people keep to their resolutions. Many give up by the end of January.

A lot of people make resolutions, but Australian Joanna Gee makes one resolution for every day of the year. That's 365 resolutions every year.

"I love making resolutions," Joanna says. "This year I'm going to do more unusual things. On June 23 I'm going to climb a mountain, and then on September 30 I'm going to swim with sharks."

Betty has one resolution this year.
True ☑ False ☐

1. Betty is going to give up smoking this year.
True ☐ False ☐
2. Only 8% of Americans keep to their resolutions.
True ☐ False ☐
3. Joanna has a resolution for every day of the year.
True ☐ False ☐
4. Joanna is going to climb a mountain on July 23.
True ☐ False ☐
5. Joanna is going to swim with dolphins.
True ☐ False ☐

36.6 POINT CLÉ « BY » AVEC LES MOTS ET LES EXPRESSIONS TEMPORELS

« By » suivi d'un nom ou d'un marqueur temporel indique que quelque chose va arriver à un certain point avant ce moment.

« Going to » vient après le verbe « to be ».

I am going to paint the house by June.

NOW

JUNE

36.7 AUTRES EXEMPLES « BY » AVEC LES MOTS ET LES EXPRESSIONS TEMPORELS

Vous allez écrire à cette personne entre maintenant et le week-end prochain.

I am going to write to you by next weekend.

I am going to get fit by this time next year.

Vous allez améliorer votre condition physique entre maintenant et cette même date l'année prochaine.

36.8 LISEZ LES BONNES RÉSOLUTIONS DE JACK, PUIS ÉCRIVEZ DES PHRASES EN UTILISANT « GOING TO ».

Jack's January Resolutions

- Tidy my house by the weekend.
- Paint my bedroom by the end of this month.
- Join a gym by this time next month.
- Reserve a vacation by the end of March.
- Get fit by the summer.
- Buy a new car by December.

He is going to tidy his house by the weekend.

1. ______________________
2. ______________________
3. ______________________
4. ______________________
5. ______________________

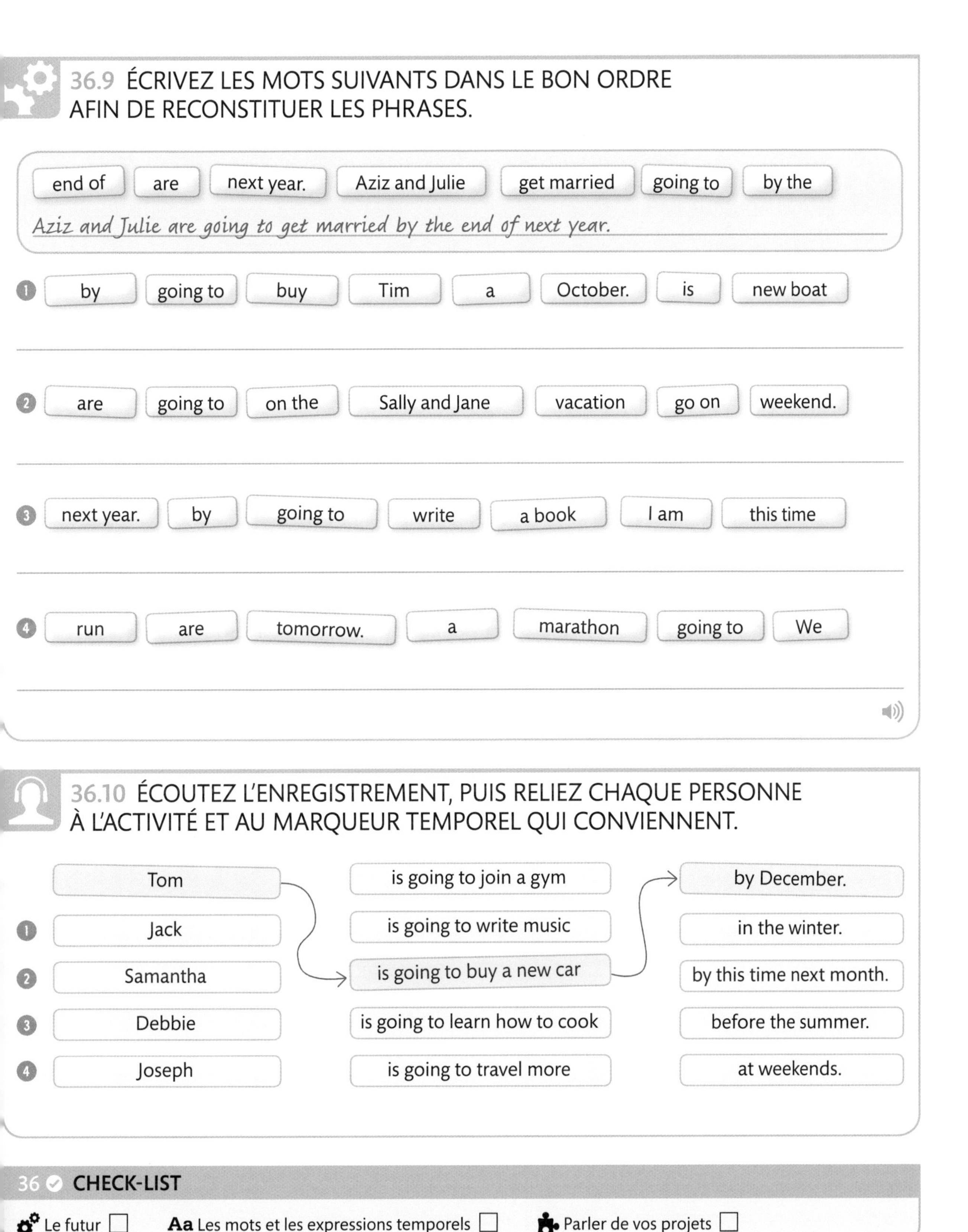

36.9 ÉCRIVEZ LES MOTS SUIVANTS DANS LE BON ORDRE AFIN DE RECONSTITUER LES PHRASES.

end of | are | next year. | Aziz and Julie | get married | going to | by the

Aziz and Julie are going to get married by the end of next year.

1. by | going to | buy | Tim | a | October. | is | new boat

2. are | going to | on the | Sally and Jane | vacation | go on | weekend.

3. next year. | by | going to | write | a book | I am | this time

4. run | are | tomorrow. | a | marathon | going to | We

36.10 ÉCOUTEZ L'ENREGISTREMENT, PUIS RELIEZ CHAQUE PERSONNE À L'ACTIVITÉ ET AU MARQUEUR TEMPOREL QUI CONVIENNENT.

	Personne	Activité	Marqueur temporel
	Tom	is going to join a gym	by December.
1	Jack	is going to write music	in the winter.
2	Samantha	is going to buy a new car	by this time next month.
3	Debbie	is going to learn how to cook	before the summer.
4	Joseph	is going to travel more	at weekends.

(Exemple : Tom → is going to buy a new car → by December.)

36 CHECK-LIST

Le futur ☐ Aa Les mots et les expressions temporels ☐ Parler de vos projets ☐

37 Parler de ce qui va se passer

Utilisez le futur avec « going to » pour annoncer quelque chose lorsqu'il y a dans le présent un élément qui l'indique.

Grammaire Le futur avec « going to »
Vocabulaire Les verbes de prédiction
Compétence Annoncer des événements

37.1 POINT CLÉ « GOING TO » POUR PARLER D'ÉVÉNEMENTS FUTURS

Cette forme du futur se construit avec « to be » + « going to » + le radical du verbe.

Utilisez « going to » pour faire une prédiction.

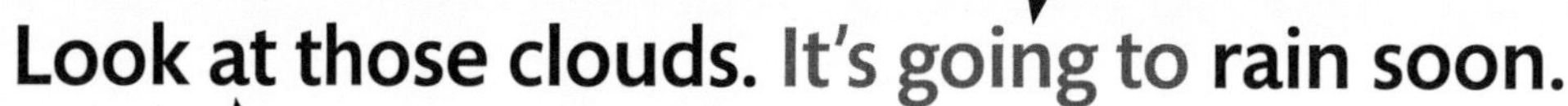

Look at those clouds. It's going to rain soon.

Une preuve au moment présent signifie que vous pouvez faire une prédiction.

37.2 AUTRES EXEMPLES « GOING TO » POUR PARLER D'ÉVÉNEMENTS FUTURS

Oh no! She's going to slip and fall over.

The hill is too steep. Jon is going to crash!

She studies a lot. She's going to pass her exam.

Look! The waiter is going to drop those plates.

They're going to break a window.

Joe fell asleep in the exam. He's going to fail.

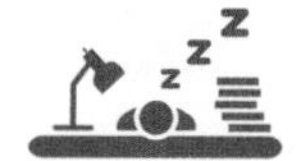

He's wearing a raincoat, so he's not going to get wet.

37.3 ÉCRIVEZ LES VERBES ENTRE PARENTHÈSES AU FUTUR AVEC « GOING TO ».

Kim doesn't study very hard. She *is going to fail* (fail) her exams.

1. Watch out! You ______________ (step into) that puddle.
2. The dog ______________ (not eat) its food. I think it's sick.
3. Oh no! She ______________ (fall off) the ladder.
4. John is terrible at golf! He ______________ (not win) the tournament.
5. It's very windy! His umbrella ______________ (blow away).
6. You're carrying too much. You ______________ (drop) everything.

37.4 RÉCRIVEZ LES PHRASES SUIVANTES EN CORRIGEANT LES ERREURS.

The traffic is moving very slowly. I **are** going to be late for work.
The traffic is moving very slowly. I am going to be late for work.

1. John and Jill are putting their coats on. They **is** going to leave now.
____
2. I saw the weather forecast. It **are** going to snow this afternoon.
____
3. It's my birthday, so I **is** going to get a present from my husband.
____
4. Larry and John have gone home to get their tennis rackets. They **is** going to play tennis.
____

37.5 LISEZ LE BULLETIN SCOLAIRE, PUIS COMPLÉTEZ LES PHRASES AVEC « GOING TO » OU « NOT GOING TO ».

Marco is *going to* pass his history exam.

1. He is ______________ be in the next Olympics.
2. Marco is ______________ study art at college.
3. He is ______________ be the main character in a musical.
4. Marco is ______________ fail his English exam.
5. He is ______________ play soccer next weekend.

Report: Marco Di Stefano

Subject	Comment
English 33%	Marco needs to work harder at Engl… He is predicted not to pass this exam…
History 95%	This is Marco's best subject. He doesn… have any problems and will do well i… the exam.
Music 25%	Marco doesn't like to sing and doesn'… play a musical instrument.
Art 92%	Marco loves this subject and is very good at it. He has an offer from Rome Art College and wants to study art.
Gym 55%	This is not Marco's best subject, but he is a member of the soccer team. They play every weekend.

37.6 COMPLÉTEZ LES PHRASES AVEC LES MOTS DE LA LISTE, PUIS REPORTEZ-LES DANS LA GRILLE.

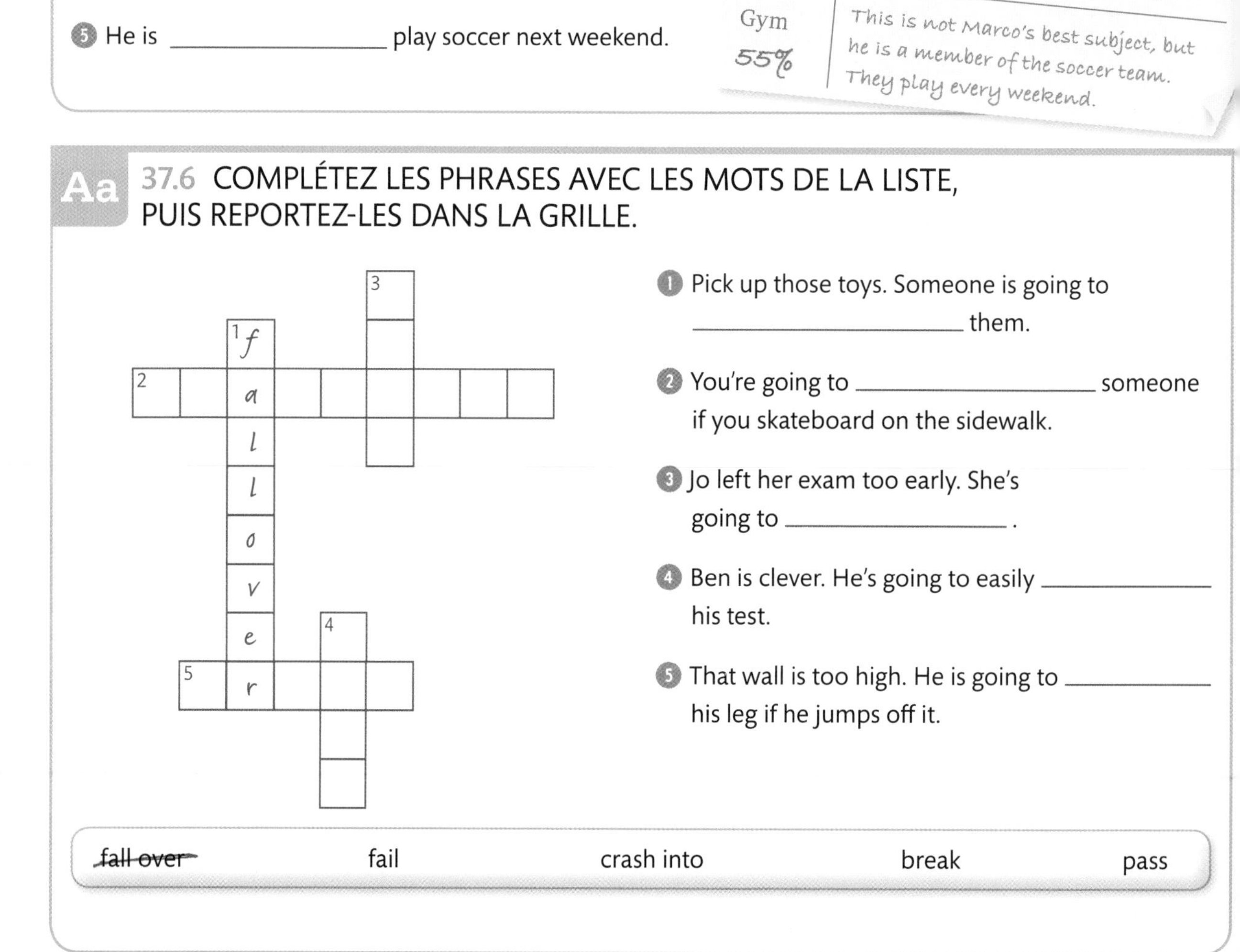

1. Pick up those toys. Someone is going to ______________ them.
2. You're going to ______________ someone if you skateboard on the sidewalk.
3. Jo left her exam too early. She's going to ______________ .
4. Ben is clever. He's going to easily ______________ his test.
5. That wall is too high. He is going to ______________ his leg if he jumps off it.

~~fall over~~ | fail | crash into | break | pass

37.7 OBSERVEZ LES IMAGES, COMPLÉTEZ LES PHRASES AVEC LES MOTS DE LA LISTE, PUIS LISEZ-LES À VOIX HAUTE.

The cyclists are going to *crash into* each other.

1 The man is going to ____________ the pond.

2 The snowman is going to ________________.

3 It is going to _________ later today.

4 The boy in the blue shirt is going to __________ .

5 The store is going to _______________ now.

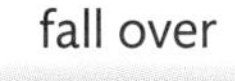

fall over — close — rain — ~~crash into~~ — fall into — win

37.8 UTILISEZ LE SCHÉMA POUR CRÉER 12 PHRASES, PUIS LISEZ-LES À VOIX HAUTE.

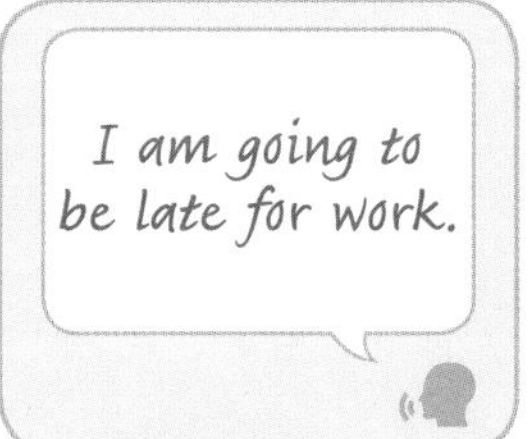

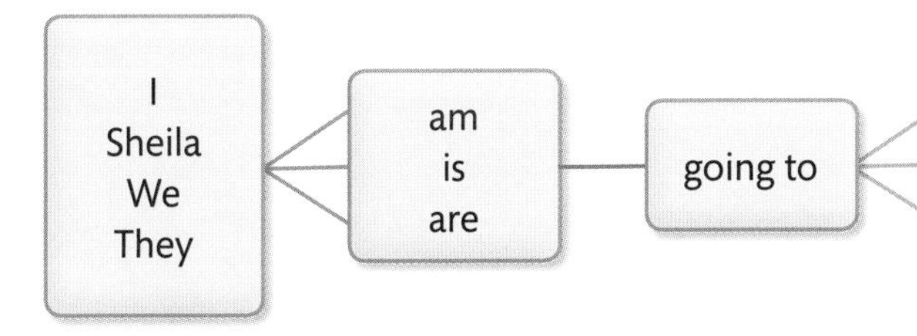

37 CHECK-LIST

Le futur avec « going to » ☐ **Aa** Les verbes de prédiction ☐

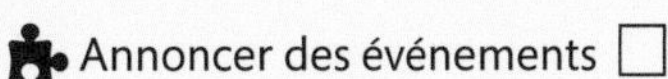

Annoncer des événements ☐

38 Vocabulaire

38.1 LES ANIMAUX

insect

....

fish

....

bird

....

bear

....

rhino

....

buffalo

....

camel

....

lion

....

tiger

....

elephant

....

monkey

....

giraffe

....

kangaroo

....

bull

....

cow

....

mouse

....

rat

eagle

snake

lizard

frog

shark

whale

dolphin

crab

octopus

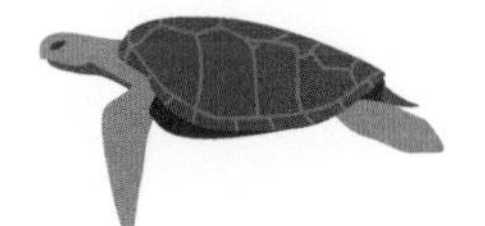

turtle

crocodile

bee

fly

spider

butterfly

39 Parler d'événements futurs

En anglais, vous pouvez utiliser le verbe « will » pour parler de futurs événements. Cette forme du futur a un sens légèrement différent de celui du futur avec « going to ».

Grammaire Le futur avec « will »
Vocabulaire Le lexique de la prédiction
Compétence Prédire des événements

39.1 POINT CLÉ LE FUTUR AVEC « WILL »

Utilisez « will » pour dire ce que vous pensez qu'il va se produire dans le futur lorsque vous n'avez pas de preuves indéniables de ce qui va arriver.

That new movie is great. They will love it.

Vous pensez que les autres spectateurs vont adorer le film, mais n'en avez pas la preuve.

39.2 AUTRES EXEMPLES LE FUTUR AVEC « WILL »

Jane will like the new house. It's really nice.

It'll rain every day this summer.

Dans les phrases négatives, « not » se place entre « will » et le radical du verbe.

We will not get home before midnight.

Vous pouvez aussi dire « he'll not », mais « won't » est plus courant en anglais américain.

He won't be late for work again this year.

En anglais parlé, on utilise généralement la forme contractée de « will ».

They'll enjoy their holiday in Venice.

She'll be really angry when she finds out.

39.3 CONSTRUCTION LE FUTUR AVEC « WILL »

« Will » est un verbe modal ; sa forme ne change pas en fonction du sujet.

SUJET	« WILL »	RADICAL	RESTE DE LA PHRASE
She	will	love	the new movie.

39.4 CONJUGUEZ LES VERBES ENTRE PARENTHÈSES AU FUTUR AVEC « WILL » OU « WILL NOT ».

You *will love* (love) my new sweater.

1. John ______ (not eat) pizza.
2. Maria ______ (enjoy) the new dance class.
3. Susie and Bella ______ (be) early for work this week.
4. The children ______ (not understand) this information.

39.5 LISEZ LE MOT LAISSÉ PAR SANDY, PUIS RÉCRIVEZ LES PHRASES SURLIGNÉES COMME DANS L'EXEMPLE.

He'll buy pizzas.

1. ______
2. ______
3. ______
4. ______
5. ______

Hi Jim,
What do you want us to bring to movie night? Ben will buy pizzas because he always does. John will bring chocolates and Mary will make a salad. As usual, David won't bring anything. I will bring drinks, and Lillian and Jo will buy cheese. Is that OK?
Sandy

39.6 ÉCOUTEZ L'ENREGISTREMENT, PUIS RELIEZ CHAQUE QUESTION À LA RÉPONSE CORRESPONDANTE.

Who will clean the house? → Jenny's sister will do it.

1. Who will find the party music?
2. Who will bring the party games?
3. Who will bake a birthday cake?
4. Who will cook the food?

- Jenny's brother will do it.
- Jenny's mother will do it.
- Jenny's sister will do it.
- Sam will do it.
- Marsha will do it.

39.7 POINT CLÉ « THINK » AVEC « WILL »

Si vous n'êtes pas sûr de quelque chose, vous pouvez commencer la phrase par « I think ». Cela permet d'indiquer que vous donnez votre opinion.

Vous n'êtes pas certain.

« That » n'est pas essentiel à la phrase et est souvent omis.

We think that he'll like the play.

39.8 CONSTRUCTION « THINK » AVEC « WILL »

SUJET	« THINK »	« THAT »	SUJET + « WILL »	VERBE	RESTE DE LA PHRASE
We	think	that	he'll	like	the play.

« That » est souvent omis.

39.9 AUTRES EXEMPLES « THINK » AVEC « WILL »

I think that we'll have enough food for the party.

He thinks it'll be a great show tonight.

It's cold outside, but we don't think it'll snow today.

Pour construire des phrases négatives, ajoutez « do not » ou « don't » avant « think ».

She doesn't think she'll get that job at the bank.

39.10 RELIEZ CHAQUE PHRASE À LA PRÉDICTION CORRESPONDANTE.

Max cooks great meals at home. → I think he'll become a fantastic chef.

1. Diana works very hard.
2. Chiara loves traveling.
3. Carl failed his driver's test again.
4. Georgia can't sing very well.

- I think she'll pass her exams.
- I don't think she'll be in the musical.
- I think he'll become a fantastic chef.
- I think she'll enjoy visiting Rome.
- I don't think he'll ever pass it.

39.11 POINT CLÉ « GOING TO » ET « WILL »

Utilisez « going to » lorsque vous avez un élément sur lequel vous fonder.
Utilisez « will » lorsque vous n'en avez pas.

Vous prédisez ceci, mais n'en avez aucune preuve fiable.

I think Number 5 will win.

Look, Number 5 is going to win.

Vous prédisez ceci à partir d'une preuve fiable.

39.12 COMPLÉTEZ LES PHRASES AVEC LES MOTS DE LA LISTE, PUIS LISEZ-LES À VOIX HAUTE.

Lily is going to ~~jump~~ the fence.

1 Bob is going to ______ all his dinner.

2 It is going to ______ this afternoon.

3 The dog will ______ these leftovers.

4 The car is going to ______ left.

5 John thinks he will ______ tonight.

eat | ~~jump~~ | turn | go out | eat | snow

39 CHECK-LIST

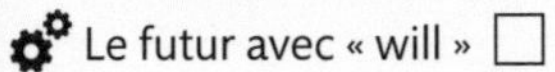

Le futur avec « will » ☐ Aa Le lexique de la prédiction ☐  Prédire des événements ☐

40 Prendre des décisions rapidemen

Vous pouvez utiliser « will » de 2 façons pour parler du futur : lorsque vous faites une prédiction sans preuve, et lorsque vous prenez la décision de faire quelque chose rapidement.

Grammaire Les décisions rapides avec « will »
Vocabulaire Le lexique de la décision
Compétence Parler d'actions futures

40.1 POINT CLÉ DÉCISIONS RAPIDES AVEC « WILL »

Si vous décidez soudainement de faire quelque chose alors que vous parlez, utilisez « will » pour dire ce que vous allez faire.

Oh, it's raining!
I'll take my umbrella.

« Will » indique que vous venez de prendre une décision.

40.2 AUTRES EXEMPLES LES DÉCISIONS RAPIDES AVEC « WILL »

Forme contractée de « will not ».

It's midnight, so I won't walk home through the park.

This apple is delicious. I'll have another one.

40.3 POINT CLÉ « SO » ET « IN THAT CASE »

Utilisez « so » ou l'expression « in that case » pour lier une situation à la décision que vous prenez.

SITUATION / DÉCISION

There's no juice, so I'll have water.

The car won't start. In that case we'll walk.

SITUATION / DÉCISION

40.4 RELIEZ LE DÉBUT DE CHAQUE PHRASE À LA FIN CORRESPONDANTE.

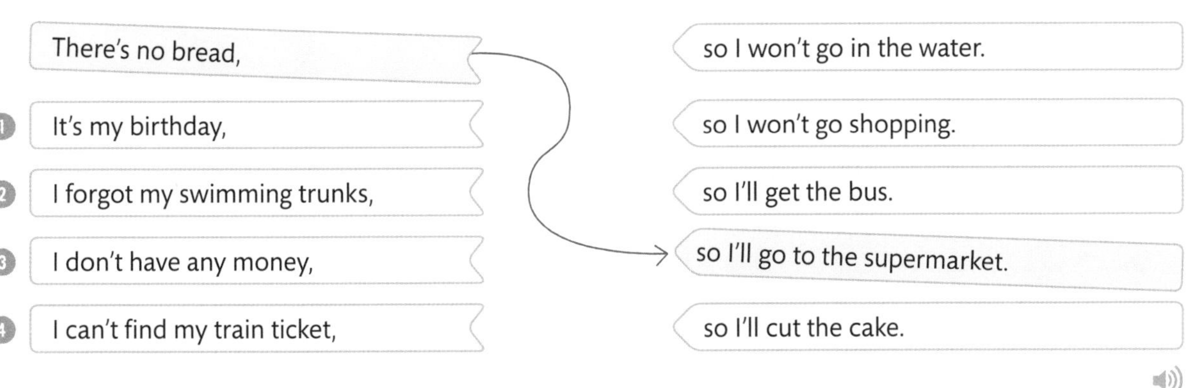

There's no bread, → so I'll go to the supermarket.

1. It's my birthday,
2. I forgot my swimming trunks,
3. I don't have any money,
4. I can't find my train ticket,

- so I won't go in the water.
- so I won't go shopping.
- so I'll get the bus.
- so I'll go to the supermarket.
- so I'll cut the cake.

40.5 ÉCOUTEZ, PUIS NUMÉROTEZ LES IMAGES DANS LE BON ORDRE.

40.6 COMPLÉTEZ LES PHRASES AVEC LES MOTS DE LA LISTE.

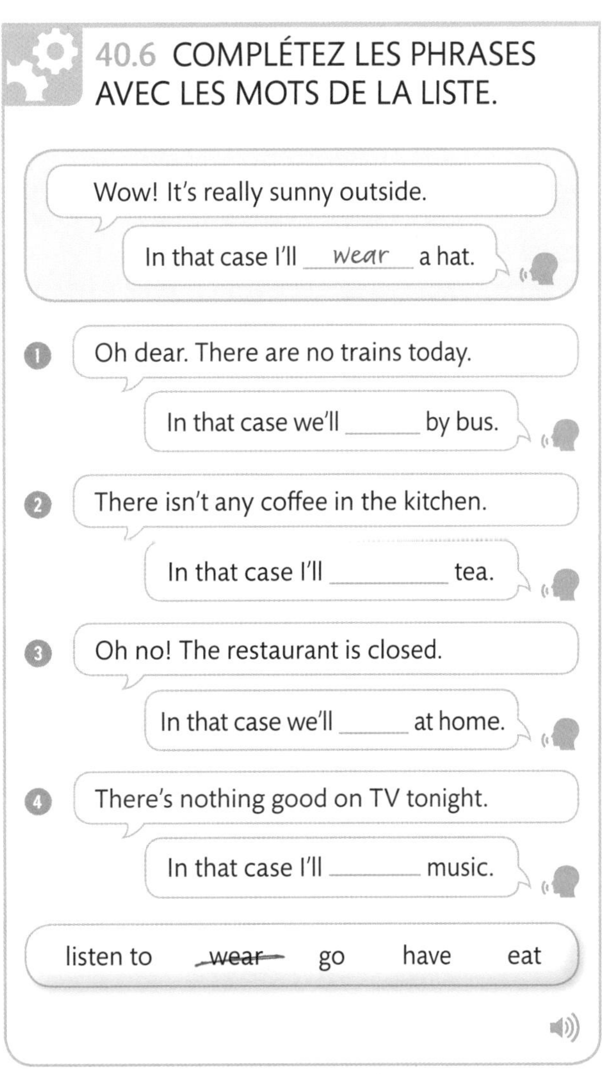

Wow! It's really sunny outside.
In that case I'll *wear* a hat.

1. Oh dear. There are no trains today.
   In that case we'll ______ by bus.
2. There isn't any coffee in the kitchen.
   In that case I'll ______ tea.
3. Oh no! The restaurant is closed.
   In that case we'll ______ at home.
4. There's nothing good on TV tonight.
   In that case I'll ______ music.

listen to ~~wear~~ go have eat

40.7 POINT CLÉ « THINK » AVEC « WILL »

Vous pouvez utiliser « think » avec « will » pour indiquer que vous envisagez de prendre cette décision.

I'm tired. I think I'll go to bed.

Vous êtes en train de prendre votre décision. Vous n'en êtes pas complètement sûr.

40.8 AUTRES EXEMPLES « THINK » AVEC « WILL »

There are lots of options on the menu. I think we'll have the fish.

There are lots of bands to see, but I think I'll watch the rock band.

This movie is terrible. I think I'll leave before the end.

It's getting really hot outside. I think I'll put my shorts on.

40.9 LISEZ LES MESSAGES, PUIS COCHEZ LA BONNE RÉPONSE.

Two friends will buy her flowers.
True ☐ **False** ☑

1. One friend will take her to a restaurant.
   True ☐ **False** ☐
2. One friend will have a party for her.
   True ☐ **False** ☐
3. One friend will get her ballet tickets.
   True ☐ **False** ☐
4. Two friends will take her shopping.
   True ☐ **False** ☐
5. One friend will make her a birthday cake.
   True ☐ **False** ☐
6. One friend will buy her a DVD.
   True ☐ **False** ☐

Jo

It's Jeanie's birthday this weekend. Do you know what we can do for her, Sally?

Sure, Jo. I think I'll get her some flowers and a DVD.

Great. I think I'll take her shopping and buy her some clothes. What will James do?

James will have a party for her at his house on Tuesday.

Perfect. John will cook the food and bake her a cake.

Oh, and I think Jemima will buy Jeanie some movie tickets and take her shopping.

40.10 COMPLÉTEZ LES PHRASES AVEC LES MOTS DE LA LISTE, PUIS LISEZ-LES À VOIX HAUTE.

The TV is broken. What will you do tonight?
I think I'll *read a book*.

1. There's no juice. What do you want to drink?
I think I'll ______________.

2. What time are you leaving work?
I think I'll ______________.

3. Jo is busy, so who will you play tennis with?
I think I'll ______________.

4. Which TV show do you want to see?
I think I'll ______________.

5. Where do you want to go now?
I think I'll ______________.

play with Cassie | have milk | ~~read a book~~ | leave at 6:30pm | go home | watch the news

40 CHECK-LIST

Les décisions rapides avec « will » ☐ | **Aa** Le lexique de la décision ☐ | Parler d'actions futures ☐

BILAN L'ANGLAIS QUE VOUS AVEZ APPRIS DANS LES CHAPITRES 35-40

NOUVEAU POINT LINGUISTIQUE	EXEMPLE TYPE	☑	CHAPITRE
LE FUTUR AVEC LE PRÉSENT CONTINU	At the moment, Dave is working, but tomorrow he is playing golf.	☐	35.1, 35.3, 35.6
« GOING TO » POUR PLANIFIER L'AVENIR	I'm going to buy a new car. We are going to exercise tonight.	☐	36.1, 36.6
LE FUTUR AVEC « GOING TO »	Look at those clouds. It's going to rain soon.	☐	37.1, 37.2
LE FUTUR AVEC « WILL »	That new movie is great. They will love it.	☐	39.1, 39.7, 39.11
LES DÉCISIONS RAPIDES AVEC « WILL »	Oh, it's raining! I'll take my umbrella.	☐	40.1, 40.4, 40.7

41 Parler de possibilités futures

Utilisez « might » pour indiquer que vous ne savez pas avec certitude si vous allez faire quelque chose. C'est une possibilité et vous ne voulez pas dire si vous le ferez (« will ») ou pas (« will not »).

Grammaire « Might »
Aa Vocabulaire Les activités, la nourriture et les passe-temps
Compétence Parler de possibilités futures

41.1 POINT CLÉ « MIGHT » ET LES POSSIBILITÉS FUTURES

« Will » et « won't » permettent d'indiquer des choses dont vous êtes certain qu'elles arriveront ou pas. Utilisez « might » pour indiquer que quelque chose n'est pas certain.

Négatif
I won't have a vacation. I don't have enough money.

Possible
I might have a vacation. I have some money.

Affirmatif
I will have a vacation because I have lots of money.

41.2 AUTRES EXEMPLES « MIGHT » ET LES POSSIBILITÉS FUTURES

Pour construire la forme négative, ajoutez « not » entre « might » et le verbe. En anglais britannique, « might not » peut s'écrire à la forme contractée « mightn't ».

He might not go to Rome this year. He doesn't know yet.

I might speak English at the party tonight as there are British people coming.

CONSEIL
« Might » n'est p[as] habituellemen[t] utilisé dans le[s] questions.

41.3 CONSTRUCTION « MIGHT » ET LES POSSIBILITÉS FUTURES

SUJET	« MIGHT »	VERBE PRINCIPAL	RESTE DE LA PHRASE
I / You He / She / It We / They	might might not mightn't	have	a vacation.

Comme tous les verbes modaux, « might » ne change pas en fonction du sujet.

Utilisez le radical du verbe principal.

41.4 ÉCRIVEZ LES MOTS SUIVANTS DANS LE BON ORDRE AFIN DE RECONSTITUER LES PHRASES.

She | to | might | party. | my | come

She might come to my party.

1. dad | My | me | give | some money. | might

   ______

2. might | Helen | test. | driving | pass | her

   ______

3. bar. | might | I | not | a chocolate | eat

   ______

4. They | not | have | party. | a | might

   ______

41.5 RÉCRIVEZ LES PHRASES SURLIGNÉES EN CORRIGEANT LES ERREURS.

Hi Bill,
I'm excited about our hiking trip on Saturday. **It might rains** in the afternoon so **we wills go** in the morning. **I'll brings** some water, but **I willn't bring** any food. **We mights wanting** to stop at one of the pubs on our walk. What do you think?
See you this weekend,
Matt

It might rain

1. ______
2. ______
3. ______
4. ______

41.6 RÉCRIVEZ CHAQUE PHRASE AVEC « WON'T », « MIGHT » ET « WILL ».

	NEGATIVE	POSSIBLE	POSITIVE
	I **won't** buy a computer.	*I might buy a computer.*	*I will buy a computer.*
1			They **will** make dinner.
2		He **might** be late again.	
3	You **won't** remember that.		
4		She **might** become a teacher.	
5			We **will** win the game!
6	The dog **won't** eat this food.		

41.7 POINT CLÉ « MIGHT » ET L'INCERTITUDE

Vous pouvez utiliser certaines phrases avec « might » pour insister sur le fait que vous n'êtes pas sûr de quelque chose.

I might go to town. I'm not sure.

I don't know. I might have more pizza.

41.8 RELIEZ CHAQUE QUESTION À LA RÉPONSE CORRESPONDANTE.

When are you going to clean your room? → I might do it this afternoon. I'm not sure.

1. Where will you live next year?
2. What will you do before you start college?
3. How much money are you taking on vacation?

- I don't know. I might live in Boston.
- I might get a summer job. I'm not sure.
- I might do it this afternoon. I'm not sure.
- I'm not sure. I might take about $300.

41.9 ÉCOUTEZ L'ENREGISTREMENT, PUIS COCHEZ LA BONNE RÉPONSE.

Will John go to work today?
- **Yes, he will.** ☐
- **He might.** ☑
- **No, he won't.** ☐

1. Is Mel going to the party this evening?
   - **Yes, she is.** ☐
   - **She might.** ☐
   - **No, she isn't.** ☐

2. Are Donna and Elise going swimming today?
   - **Yes, they are.** ☐
   - **They might.** ☐
   - **No, they're not.** ☐

3. Will Elliot be late for the concert?
   - **Yes, he will.** ☐
   - **He might.** ☐
   - **No, he won't.** ☐

4. Will Elsa study English?
   - **Yes, she will.** ☐
   - **She might.** ☐
   - **No, she won't.** ☐

5. Will Delilah travel by bus today?
   - **Yes, she will.** ☐
   - **She might.** ☐
   - **No, she won't.** ☐

41.10 À L'AIDE DES ÉLÉMENTS DU TABLEAU, FORMEZ LES PHRASES, PUIS LISEZ-LES À VOIX HAUTE.

	POSITIF	POSSIBLE	NÉGATIF
ABAN	go on vacation this year	1 learn French	2 run a marathon
NADIYA	3 become a doctor	4 write a book	5 do a bungee jump
JACK	6 get a dog	7 buy a motorcycle	8 move house

Aban will go on vacation this year.

1

2

3

4

5

6

7

8

41 CHECK-LIST

« Might » ☐ **Aa** Les activités, la nourriture et les passe-temps ☐ Parler de possibilités futures ☐

42 Donner des conseils

Si quelqu'un a un problème, vous pouvez lui donner des conseils en utilisant le verbe modal « should ».

Grammaire « Should »
Vocabulaire Le conseil
Compétence Donner des conseils

42.1 POINT CLÉ « SHOULD » POUR DONNER DES CONSEILS

« Should » indique que vous pensez que ce qui suit est la meilleure solution.

It's very sunny. You should wear a hat.

« Should » vient avant le(s) conseil(s).

42.2 AUTRES EXEMPLES « SHOULD » POUR DONNER DES CONSEILS

It might rain. You should take your umbrella.

Pour construire la forme négative, ajoutez « not » entre « should » et le verbe principal.

There's ice on the roads. You should not drive tonight.

La forme contractée de « should not » est « should'nt ».

You're sick. You shouldn't go to work today.

42.3 CONSTRUCTION « SHOULD » POUR DONNER DES CONSEILS

SUJET	« SHOULD »	VERBE PRINCIPAL	RESTE DE LA PHRASE
You	should	wear	a hat.

« Should » est un verbe modal, il ne change donc pas en fonction du sujet.

« Should » est suivi du radical du verbe.

42.4 RÉCRIVEZ LES PHRASES SUIVANTES EN CORRIGEANT LES ERREURS.

Kim should arrives on time.
Kim should arrive on time.

1. You shouldn't opens this door.

2. She shoulds to play the guitar every day.

3. He shouldn't wears that tie with that shirt.

4. You should to take a tablet twice a day.

5. They shouldn't to rides their bikes here.

42.5 OBSERVEZ LES IMAGES, PUIS BARREZ LES MOTS INCORRECTS DANS LES PHRASES DE MANIÈRE À DONNER DE BONS CONSEILS.

Kim ~~should~~ / should not try to get on the train.

1. We should / shouldn't swim at this beach.

2. People should / should not be quiet in the library.

3. Shoppers should / shouldn't email.

4. They should / should not walk on the ice.

5. You should / shouldn't drive too fast.

Aa 42.6 RELIEZ CHAQUE PROBLÈME AU CONSEIL CORRESPONDANT.

My plants are dying. → You should water them.

1. I've got too many clothes.
2. I eat too much junk food.
3. I don't know my neighbors.
4. I feel tired all the time.
5. I need more exercise.
6. I'm so lonely.
7. I've nothing to wear tonight.

- You should sell some of them.
- You should get more sleep.
- You should eat more fruit.
- You should water them.
- You should join a gym.
- You should have a block party.
- You should go shopping.
- You should get a dog.

42.7 ÉCOUTEZ L'ENREGISTREMENT, PUIS POUR CHAQUE PROBLÈME COCHEZ LE BON CONSEIL.

To get to work tomorrow, James should...
leave early ☐
take the bus ☐
walk. ☑

1. On the trip, people should...
bring $10 ☐
complete a form ☐
be on time. ☐

2. Maya says Matt should first...
clean up ☐
finish his work ☐
eat dinner. ☐

3. Sheila's busy at work. Martin says she should...
go to bed later ☐
work on the weekend ☐
get up earlier. ☐

4. Atif's sister thinks he should...
buy a new computer ☐
use a friend's computer ☐
write emails on his phone. ☐

5. In the exam, students should...
be quiet ☐
read all the information ☐
speak clearly. ☐

42.8 COMPLÉTEZ LES PHRASES AVEC « SHOULD » OU « SHOULDN'T », PUIS LISEZ-LES À VOIX HAUTE.

He *shouldn't* go climbing in the rain.

1. People ______________ visit the library more often.

2. People ______________ have a shower before swimming.

3. You ______________ eat anything in a laboratory.

4. You ______________ go through that blue door.

5. Students ______________ speak during their exams.

42 CHECK-LIST

« Should » ☐ | **Aa** Le conseil ☐ | Donner des conseils ☐

43 Faire des suggestions

Vous pouvez utiliser le verbe modal « could » pour faire des suggestions. « Could » n'est pas aussi fort que « should » : il permet de donner un conseil plus modéré.

Grammaire « Could » pour la suggestion
Vocabulaire Le lexique du conseil
Compétence Faire des suggestions

43.1 POINT CLÉ « COULD » POUR LA SUGGESTION

« Could » est souvent utilisé pour suggérer une solution à un problème. Il permet d'introduire des possibilités et non des préférences.

Well, you could get a new one!

« Could » signifie que l'action est une possibilité ; un choix qui pourrait permettre de résoudre le problème.

43.2 AUTRES EXEMPLES « COULD » POUR LA SUGGESTION

You could study **science in college.** 

We could learn **English in Canada next year.** 

They could buy **a bigger house with a yard.** 

You could get **a job at that new restaurant in town.** 

43.3 CONSTRUCTION « COULD » POUR LA SUGGESTION

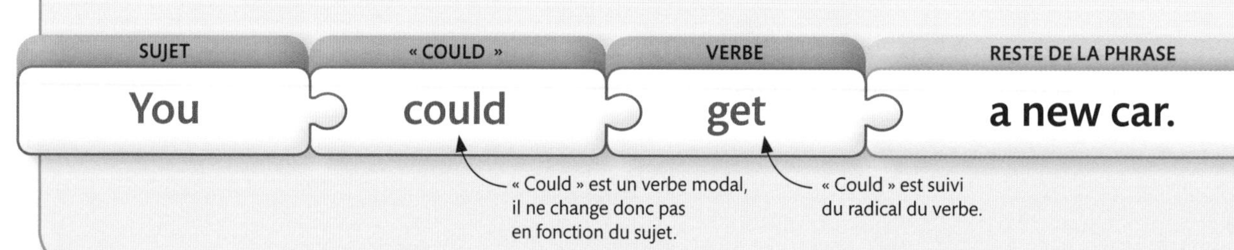

43.4 RELIEZ CHAQUE PROBLÈME À LA SUGGESTION QUI CONVIENT.

	I don't speak English very well. → You could practice with your Australian friend.	You could buy some new ones.
1	I didn't pass my driving test last week.	You could write them down after you meet them.
2	I haven't got any nice clothes.	You could practice with your Australian friend.
3	I can never remember people's names.	You could buy a watch.
4	I never know what time it is.	We could go back to your house now.
5	Oh no. I forgot to lock the front door.	Oh well, you could take it again next month.

43.5 COMPLÉTEZ AVEC LA SUGGESTION CORRECTE DANS LA LISTE, PUIS LISEZ LES PHRASES À VOIX HAUTE.

I play the piano, but I'm not very good.
You could *play every day*.

1. I haven't got enough money for a vacation.
You could ____________.

2. I'm going out, but nobody can look after Fido.
You could ____________.

3. I want to have a picnic, but it's raining.
You could ____________.

4. I'd like to rent a house, but it's too expensive.
You could ____________.

5. How can I write a book by December?
You could ____________.

share with a friend — save $10 a week — ~~play every day~~
take him with you — eat it inside — write 500 words every day

43.6 **POINT CLÉ** « COULD » ET « OR » POUR LA SUGGESTION

Lorsqu'une personne fait une suggestion avec « could », elle offre souvent plusieurs choix.

Our friends are coming over for dinner, but the oven's broken.

We could make **a salad** or we could order **a pizza.**

Utilisez « or » pour suggérer une autre possibilité.

43.7 **AUTRES EXEMPLES** « COULD » ET « OR » POUR LA SUGGESTION

I can't drive, but I want to travel along the coast.

You could take **a bus** or travel **in a friend's car.**

Vous n'êtes pas obligé de répéter le modal « could » après « or ».

What should I wear to Jan's wedding?

You could wear **your new dress** or **a sk**

Si le verbe principal est le même pour les 2 suggestions, vous n'êtes pas obligé de le répéter après « or ».

43.8 COMPLÉTEZ LES PHRASES AVEC LES MOTS ET EXPRESSIONS DE LA LISTE.

You can't sleep at night. You could *read a book* or *have a hot drink* .

1. You don't know what to do for the summer. You could ______ or ______ .
2. What are you going to make for dinner tonight? You could cook ______ or ______ .
3. You want to be a better tennis player. You could ______ or ______ .
4. You can't wake up in the mornings. You could ______ or ______ .

~~read a book~~ get a job ~~have a hot drink~~ travel chicken set an alarm
have some lessons go to bed earlier beef play more often

43.9 ÉCOUTEZ L'ENREGISTREMENT, PUIS COCHEZ LES BONNES SUGGESTIONS POUR RÉSOUDRE CHAQUE PROBLÈME.

Anya can't understand her English teacher very well. She could...
ask him to speak slowly. ☐ **ask for notes on the lesson.** ☑ **record the lesson.** ☑

1. Jim hasn't got time to do the chores at home. He could...
   get his children to help. ☐ **get a cleaner.** ☐ **not worry about it.** ☐

2. Mandy needs to get a new job. She could...
   look in the newspaper. ☐ **ask friends.** ☐ **look at a website.** ☐

3. Some students aren't very good at writing in English. They could...
   read more English books. ☐ **write in English every day.** ☐ **email a new friend in English.** ☐

4. It's hard to find time to exercise. People could...
   take the stairs. ☐ **take the elevator.** ☐ **walk to the store.** ☐

43 CHECK-LIST

« Could » pour la suggestion ☐ **Aa** Le lexique du conseil ☐ Faire des suggestions ☐

BILAN L'ANGLAIS QUE VOUS AVEZ APPRIS DANS LES CHAPITRES 41-43

NOUVEAU POINT LINGUISTIQUE	EXEMPLE TYPE	☑	CHAPITRE
« MIGHT » ET LES POSSIBILITÉS FUTURES	I might have **a vacation.**	☐	41.1
« MIGHT » ET L'INCERTITUDE	**I might go to town.** I'm not sure. I don't know. **I might have some pizza.**	☐	41.7
« SHOULD » POUR LE CONSEIL	**It's very sunny.** You should wear **a hat.**	☐	42.1
« SHOULDN'T » POUR LE CONSEIL	**You're sick.** You shouldn't **go to work today.**	☐	42.1
« COULD » POUR LA SUGGESTION	You could get **a new car.**	☐	43.1
« OR » POUR LA SUGGESTION	We could make **a salad** or order **a pizza.**	☐	43.6

44 Vocabulaire

44.1 LES TÂCHES MÉNAGÈRES

clean the windows

sweep the floor

scrub the floor

mop the floor

vacuum the carpet

dust

take out the garbage (US)
take out the rubbish (UK)

tidy

go to the store (US)
go to the shops (UK)

buy groceries

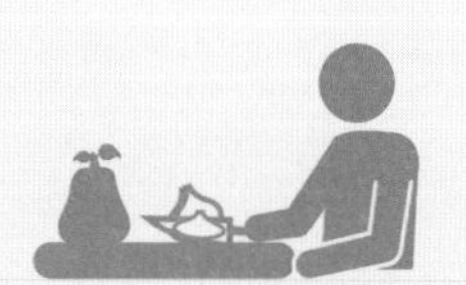
chop vegetables

cook dinner

set the table

clear the table

do the dishes (US)
do the washing up (UK)

dry the dishes

load the dishwasher

....

do the laundry (US)
do the washing (UK)

....

hang clothes (US)
hang out the washing (UK)

....

do the ironing

....

fold clothes

....

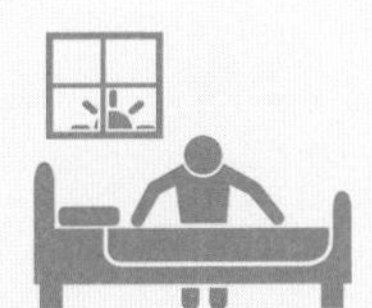

make the bed

....

change the sheets

....

do the gardening

....

mow the lawn

....

water the plants

....

wash the car

....

paint a room

....

hang a picture

....

walk the dog

....

feed the pets

....

mend the fence

....

45 Autour de la maison

Vous pouvez utiliser la forme verbale du « present perfect » pour parler de quelque chose qui est survenu dans le passé et qui a des conséquences dans le présent.

Grammaire Le present perfect
Vocabulaire Les tâches ménagères
Compétence Parler du passé proche

45.1 POINT CLÉ LE PRESENT PERFECT

Utilisez le present perfect pour évoquer quelque chose qui est survenu dans le passé et qui a des conséquences dans le présent.

CONSEIL
Formez les participes passés réguliers de la même façon le prétérit : en ajoutant « -ed » au radical du verbe.

« Just » signifie que l'action a eu lieu récemment.

Tom has just cleaned the windows.

« Has » ou « have » se place après le sujet au « present perfect ».

Le verbe principal est à la forme du participe passé.

45.2 AUTRES EXEMPLES LE PRESENT PERFECT

Look! I've just cooked dinner.

You haven't cleared the table. It's a mess!

John has just washed the dishes.

Have you cleaned up your bedroom?

45.3 CONSTRUCTION LE PRESENT PERFECT

SUJET + « HAVE »/ « HAS »	« JUST »	PARTICIPE PASSÉ	OBJET
I have	just	cleaned	the windows.

Pour former le « present perfect », utilisez « has » ou « have » suivi du participe passé du verbe.

45.4 **POINT CLÉ** LES PARTICIPES PASSÉS IRRÉGULIERS

Il n'y a aucune règle concernant la formation des participes passés irréguliers. Certains d'entre eux ont toutefois des terminaisons similaires.

I am →	**I've been**
you eat →	**you've eaten**
they see →	**they've seen**
we do →	**we've done**
I put →	**I've put**
you leave →	**you've left**
they keep →	**they've kept**
we hear →	**we've heard**

45.5 ÉCRIVEZ LES VERBES ENTRE PARENTHÈSES AU PRESENT PERFECT.

I *have cleaned* (clean) the kitchen.

1. We ________________ (not mop) the floor.
2. Tim ________________ (leave) the door open.
3. You ________________ (change) the sheets.
4. Sheila ________________ (eat) her dinner.
5. Dad ________________ (not paint) the fence.
6. I ________________ (vacuum) the living room.
7. Aziz ________________ (water) the plants.

45.6 RÉCRIVEZ CHAQUE PHRASE DE DEUX MANIÈRES DIFFÉRENTES.

	He has washed his clothes.	He hasn't washed his clothes.	*Has he washed his clothes?*
1	They have cleaned the car.		
2			Have you mopped the floor?
3		I haven't taken the garbage out.	
4	You have painted the house.		
5			Has John cooked dinner?

45.7 ENTOUREZ 8 PARTICIPES PASSÉS DANS LA GRILLE, PUIS ÉCRIVEZ-LES À CÔTÉ DU RADICAL CORRESPONDANT.

C	L	E	A	T	E	N	N	E	N	H	L
L	V	P	C	H	A	D	U	W	Z	S	N
O	Q	D	O	N	E	P	Y	T	I	E	S
S	B	Z	K	Y	A	X	G	O	N	E	F
E	H	Q	L	X	G	J	A	T	D	N	K
D	E	B	E	E	N	S	E	H	A	K	E
K	A	G	Y	H	T	F	L	Z	J	K	J
E	D	W	T	N	G	K	E	P	T	Z	L

1. go = *gone*
2. have = ____
3. close = ____
4. eat = ____
5. am = ____
6. keep = ____
7. see = ____
8. do = ____

45.8 RÉCRIVEZ LES PHRASES EN CORRIGEANT LES ERREURS.

Ellen **have** left her keys at home.
Ellen has left her keys at home.

1. We have **cook** dinner for you.
____
2. Ben and Ellen **has** gone to the supermarket.
____
3. The children have **see** the movie.
____
4. Sheila has **clean** the bathroom.
____
5. The dog **haven't** eaten all its food.
____
6. They've **be** to the mall to buy you a present.
____

45.9 ÉCOUTEZ L'ENREGISTREMENT, PUIS COCHEZ LA BONNE RÉPONSE.

Adam et Becky préparent une soirée.

Has Adam cleaned the bathroom?
Yes, he has. ☑ **No, he hasn't.** ☐

1. Have they bought enough drinks?
Yes, they have. ☐ **No, they haven't.** ☐
2. Has Becky put the chicken in the oven?
Yes, she has. ☐ **No, she hasn't.** ☐
3. Has Adam talked to his sister?
Yes, he has. ☐ **No, he hasn't.** ☐
4. Has Adam's sister sent him a present?
Yes, she has. ☐ **No, she hasn't.** ☐
5. Has Adam moved his car?
Yes, he has. ☐ **No, he hasn't.** ☐

45.10 ÉCRIVEZ LE PARTICIPE PASSÉ DES VERBES.

tidy = *tidied*

1. clean = ______
2. wash = ______
3. cook = ______
4. change = ______
5. mop = ______
6. walk = ______
7. clear = ______
8. brush = ______

45.11 COMPLÉTEZ LES PHRASES EN UTILISANT LE PARTICIPE PASSÉ DES VERBES DE L'ENCADRÉ, PUIS LISEZ-LES À VOIX HAUTE.

Mark has *washed* the dishes.

1. 

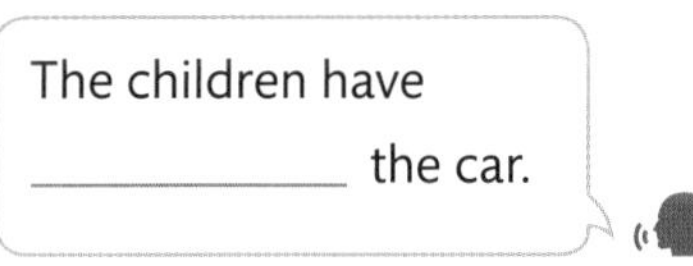

The children have ______ the car.

2. 

The cat has ______ all its food.

3. 

Jemma has ______ the window.

4. 

Jill has ______ her desk.

5. 

Paul has ______ his wallet on top of the car.

clean	~~wash~~	tidy	break	leave	eat

45 CHECK-LIST

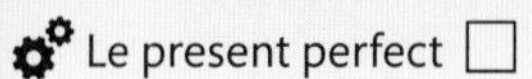

Le present perfect ☐ **Aa** Les tâches ménagères ☐  Parler du passé proche ☐

46 Les événements de votre vie

Vous pouvez utiliser le present perfect ou le prétérit pour parler d'événements ayant eu lieu dans le passé, mais ces temps s'utilisent différemment.

Grammaire Le present perfect
Vocabulaire Les sports extrêmes
Compétence Parler d'événements passés

46.1 POINT CLÉ LE PRESENT PERFECT ET LE PRÉTÉRIT

Utilisez le prétérit pour parler d'un événement survenu à un moment précis. Utilisez le present perfect lorsque vous ne faites pas référence à un moment précis.

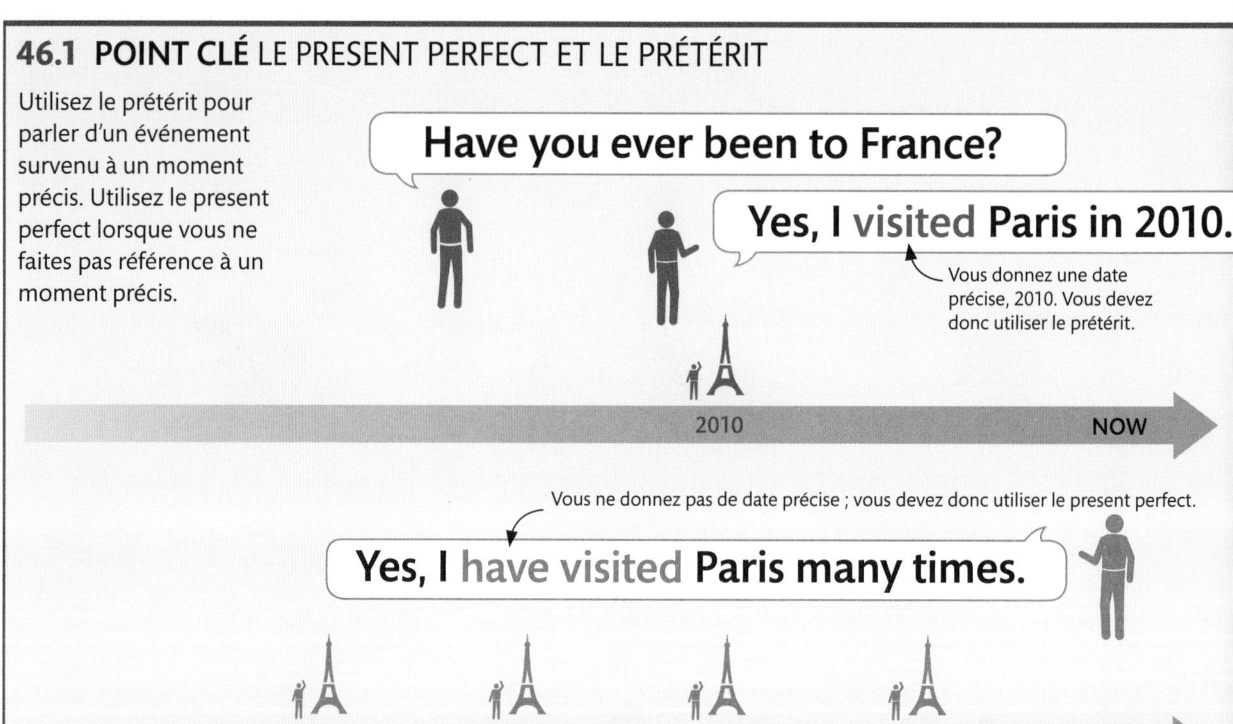

46.2 AUTRES EXEMPLES LE PRESENT PERFECT ET LE PRÉTÉRIT

PASSÉ SIMPLE	PRESENT PERFECT
I saw a great movie last week. 	I haven't seen that movie. 
Jo didn't climb Mount Fuji last year. 	Saki has climbed Mount Fuji twice. 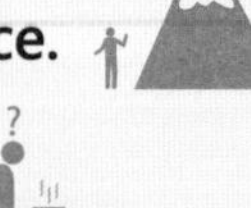
Madison ate too much last night. 	Jack hasn't eaten curry before. 

46.3 **VOCABULAIRE** LES SPORTS EXTRÊMES

scuba diving ....

rock climbing ....

paragliding ....

windsurfing ....

bungee jumping ....

surfing ....

46.4 BARREZ LES MOTS INCORRECTS DANS CHAQUE PHRASE.

Natalia **visited** / ~~has visited~~ China last year.

1. I love the movie *Casablanca*. I **watched** / **have watched** it more than nine times.
2. Our dog Rex **ate** / **has eaten** all Mary's birthday cake last night.
3. Jack **didn't visit** / **hasn't visited** the Colosseum when we were in Rome last year. He was too sick.
4. **Did you go** / **Have you been** to the swimming pool downtown yesterday?

46.5 COMPLÉTEZ LES PHRASES, PUIS LISEZ-LES À VOIX HAUTE.

Have you ever been surfing?
Yes, *I've been surfing* many times.

1. Has Chloe ever been bungee jumping?
   Yes, ____________________ many times.
2. Has Liam ever visited Yosemite National Park?
   Yes, ____________________ in 2014.
3. Have you ever seen *Gone with the Wind?*
   Yes, ____________________ last night.
4. Have you ever been paragliding?
   No, ____________________.
5. Have any of your friends been scuba diving?
   Yes, Mia ____________________ many times.

46.6 POINT CLÉ « BEEN » ET « GONE »

Vous pouvez utiliser « be » et « go » au present perfect pour parler de vos voyages, mais ces 2 verbes ont des sens différents.

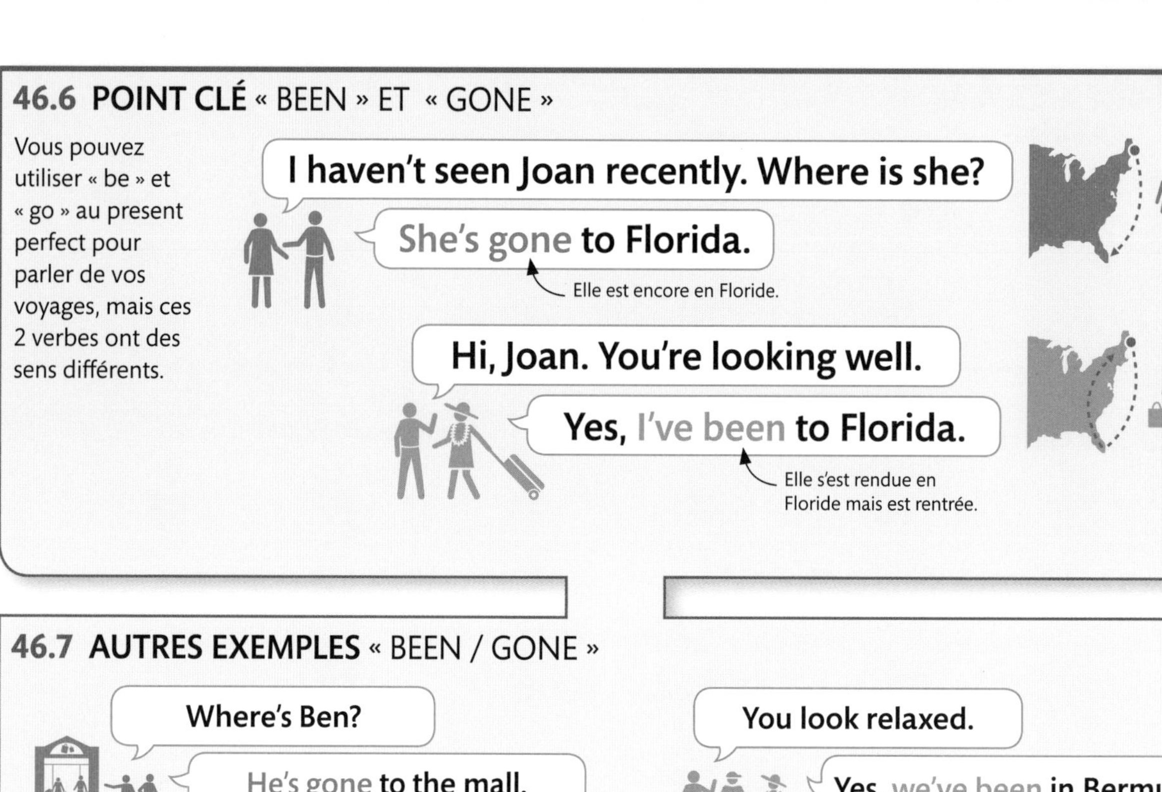

46.7 AUTRES EXEMPLES « BEEN / GONE »

46.8 COMPLÉTEZ LES PHRASES AVEC « BEEN » OU « GONE »

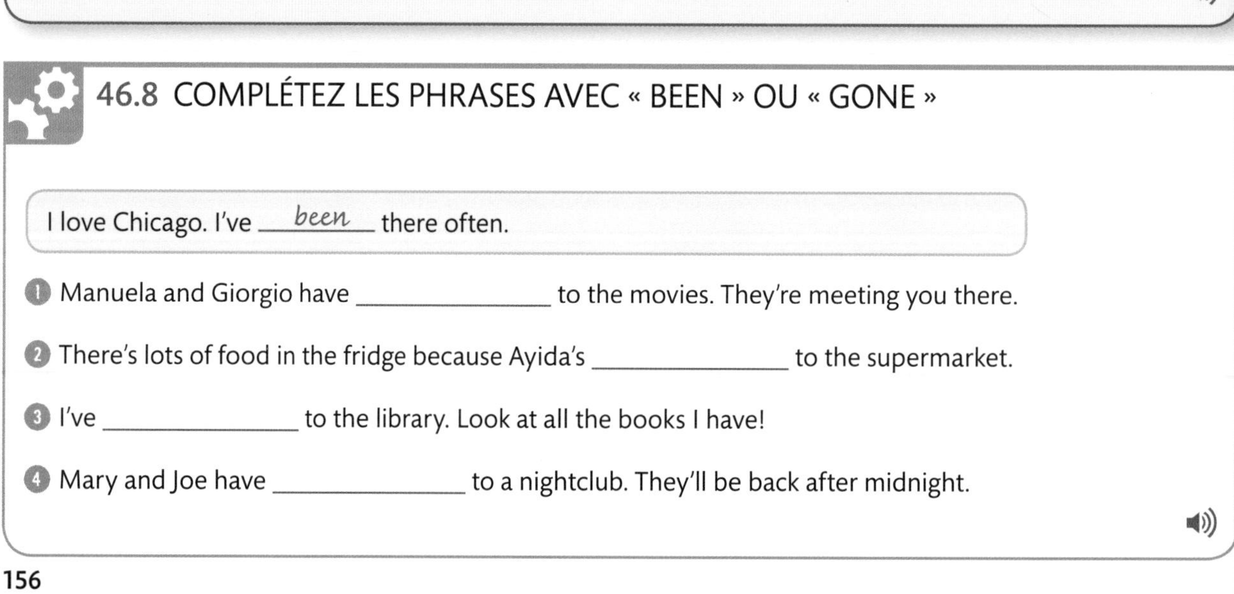

I love Chicago. I've *been* there often.

1. Manuela and Giorgio have ______________ to the movies. They're meeting you there.
2. There's lots of food in the fridge because Ayida's ______________ to the supermarket.
3. I've ______________ to the library. Look at all the books I have!
4. Mary and Joe have ______________ to a nightclub. They'll be back after midnight.

46.9 LISEZ LA CARTE POSTALE, PUIS CLASSEZ LES VERBES DANS LA BONNE COLONNE.

PRESENT PERFECT

we've seen

1. ______
2. ______

PRÉTÉRIT

we got

1. ______
2. ______

Hi Chris,
We're in Sydney! We got here five days ago and we've seen so much. On Monday, we visited the Sydney Opera House, and on Tuesday we went on a boat under Harbour Bridge. We haven't been to Bondi Beach yet, but I think we're going tomorrow. We've eaten some great food, too! Wish you were here.
Love,
Olivia x

46.10 ÉCOUTEZ, PUIS COCHEZ LA BONNE RÉPONSE.

Martin has been bungee jumping three times.
True ☐ **False** ☑

1. Sammy went to China in 2011.
   True ☐ **False** ☐
2. Nigel has never cooked a meal for visitors.
   True ☐ **False** ☐
3. Debra has been rock climbing many times.
   True ☐ **False** ☐
4. Andrew has never used a tablet before.
   True ☐ **False** ☐

46.11 RÉCRIVEZ LES PHRASES EN CORRIGEANT LES ERREURS.

I've **gone** windsurfing many times.
I've been windsurfing many times.

1. She hasn't **be** to the circus.
   ______
2. I **meet** my best friend when I was six.
   ______
3. You **eat** all the chocolate last night.
   ______
4. He hasn't **try** paragliding.
   ______

46 CHECK-LIST

Le present perfect ☐ **Aa** Les sports extrêmes ☐ Parler d'événements passés ☐

47 Les événements de cette année

Le present perfect permet de parler d'un événement toujours en cours. Utilisez le prétérit si cet événement est terminé.

Grammaire « Yet » et « already »
Aa Vocabulaire Les routines et les corvées
Compétence Parler du passé proche

47.1 POINT CLÉ LE PRESENT PERFECT ET LE PRÉTÉRIT

Si un événement est toujours en cours, utilisez le present perfect. Utilisez le prétérit pour parler d'un événement révolu.

Cette année n'est pas terminée. Utilisez le present perfect.

I've traveled a lot this year.
I went to Moscow in January.

Le mois de janvier est terminé. Utilisez le prétérit.

47.2 AUTRES EXEMPLES LE PRESENT PERFECT ET LE PRÉTÉRIT

I haven't had **any coffee this morning.**

The photocopier broke **yesterday.**

I've had **a lot of meetings today.**

My manager called **me last night.**

47.3 CONJUGUEZ LES VERBES ENTRE PARENTHÈSES AU PRESENT PERFECT OU AU PRÉTÉRIT.

I'm flying to New York again tomorrow. I *have been* **(be)** there five times this year.

1. Alvita is very happy. She ____________ **(win)** the prize for the best chocolate cake yesterday.
2. This is a great party. I ____________ **(meet)** lots of really fun and interesting people.
3. Martha looks happy. She ____________ **(be)** to the movies with Miles.
4. Mary can't drive. She ____________ **(fall)** and ____________ **(break)** her arm last week.

47.4 LISEZ L'ARTICLE, RÉPONDEZ AUX QUESTIONS, PUIS LISEZ LES RÉPONSES À VOIX HAUTE.

41 SPORT TODAY

TENNIS STAR'S DIFFICULT YEAR

Sarah Jackson speaks to our sports reporter.

Sarah Jackson is a tennis player from the US. She has won five tennis championships, but she hasn't played in any competitions this year.

"I haven't had a good year. I broke my leg in January and I didn't play tennis for three months. It was really painful and it took me a long time to get well."

There are four big competitions for tennis players, known as the Grand Slams: the Australian Open, the French Open, Wimbledon, and the US Open. Sarah has already missed two of them.

"It's difficult for tennis players. You want to do well in the big competitions, but sometimes you can't."

The next grand slam is Wimbledon, but Sarah isn't going to play this year. "It's sad, but I'm just not ready for Wimbledon at the moment."

But the year hasn't been all bad: "I don't usually go on vacation," she told us, "but in March I went to the Caribbean. I had a really good time and relaxed. I also ate some great food and went swimming."

How many tennis championships has Sarah won?

She has won five tennis championships.

1. What hasn't Sarah done this year?

2. What did Sarah do in January?

3. How long didn't she play tennis for?

4. How many grand slams has Sarah missed this year?

5. What did Sarah do in March this year?

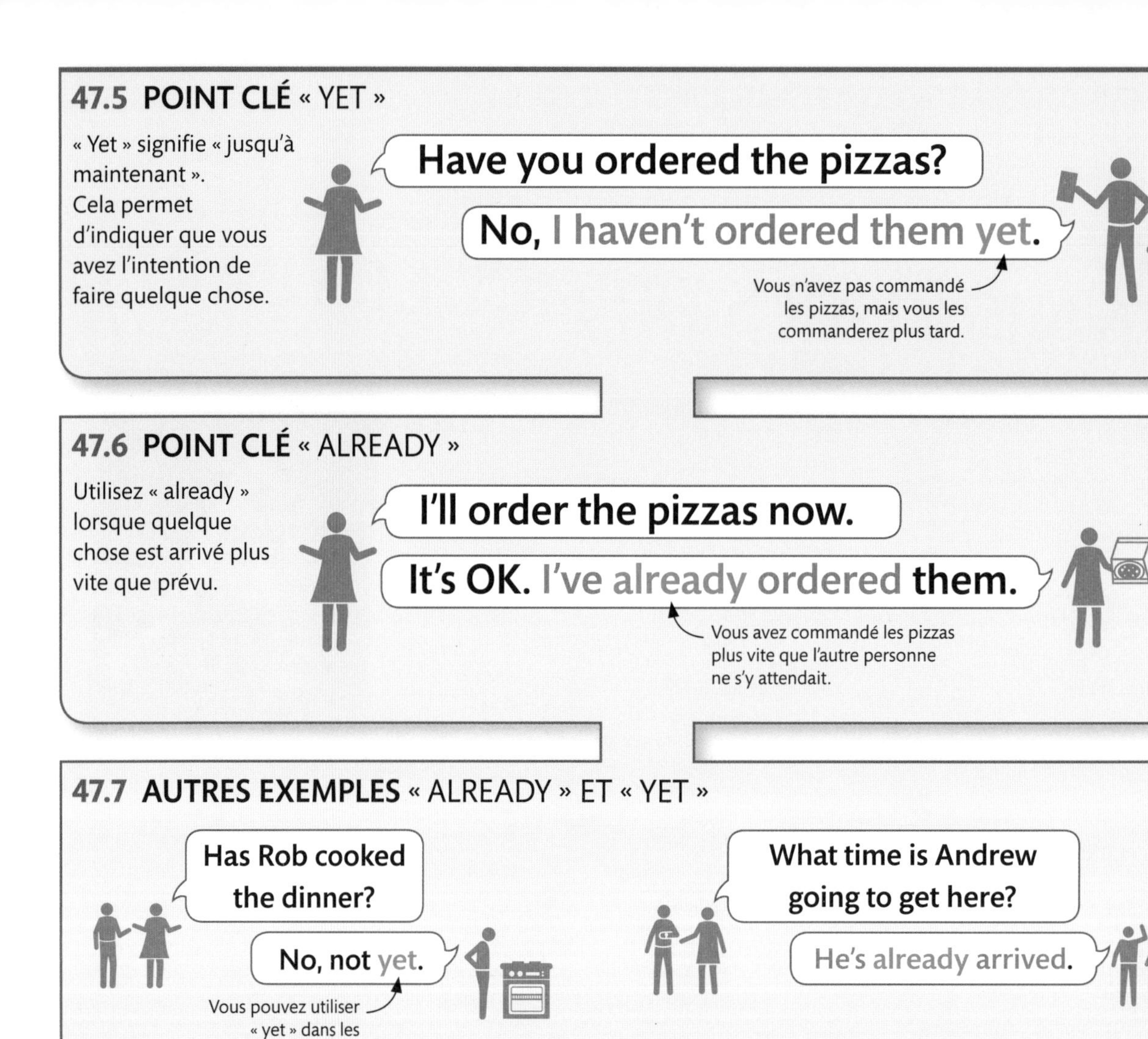

47.5 POINT CLÉ « YET »

« Yet » signifie « jusqu'à maintenant ». Cela permet d'indiquer que vous avez l'intention de faire quelque chose.

Vous n'avez pas commandé les pizzas, mais vous les commanderez plus tard.

47.6 POINT CLÉ « ALREADY »

Utilisez « already » lorsque quelque chose est arrivé plus vite que prévu.

Vous avez commandé les pizzas plus vite que l'autre personne ne s'y attendait.

47.7 AUTRES EXEMPLES « ALREADY » ET « YET »

Vous pouvez utiliser « yet » dans les réponses courtes.

47.8 RELIEZ CHAQUE QUESTION À LA RÉPONSE CORRESPONDANTE.

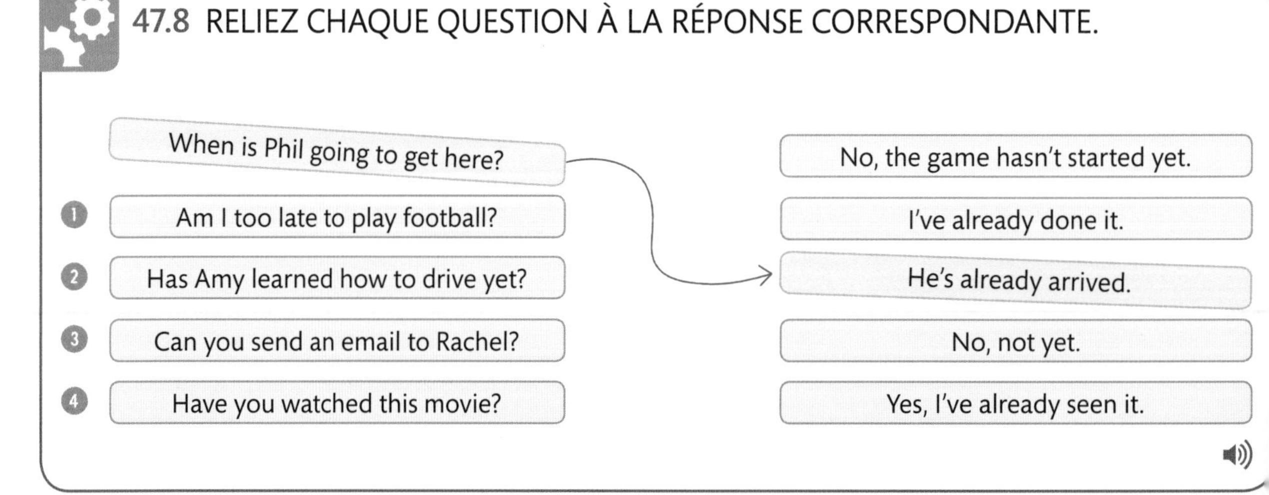

When is Phil going to get here? → He's already arrived.

1. Am I too late to play football?
2. Has Amy learned how to drive yet?
3. Can you send an email to Rachel?
4. Have you watched this movie?

- No, the game hasn't started yet.
- I've already done it.
- He's already arrived.
- No, not yet.
- Yes, I've already seen it.

47.9 ÉCOUTEZ, PUIS COCHEZ LA BONNE RÉPONSE.

Sharon et Paul se préparent à quitter leur maison pour partir en vacances.

Paul hasn't booked a taxi yet.
True ☐ **False** ☑

1. Paul hasn't made the sandwiches yet.
True ☐ **False** ☐

2. Sharon has already called her mother.
True ☐ **False** ☐

3. Sharon hasn't checked if the dog is OK yet.
True ☐ **False** ☐

4. The dog has already been for a walk.
True ☐ **False** ☐

5. Sharon has already mailed her letter.
True ☐ **False** ☐

47.10 OBSERVEZ LA LISTE DE SANTIAGO, PUIS RÉPONDEZ AUX QUESTIONS AVEC « ALREADY » ET « YET ».

Has Santiago fed the cat yet?
Yes, he's already fed the cat.

Has he put out the garbage yet?
No, he hasn't put out the garbage yet.

To do list
~~Feed the cat~~
Put out the garbage
~~Clean the kitchen~~
~~Buy milk and bread~~
~~Mail letter~~
Make birthday cake
Call Grandma
Take dog for walk

1. Has he cleaned the kitchen yet?
______

2. Has he bought milk and bread yet?
______

3. Has he taken the dog for a walk yet?
______

4. Has he made the birthday cake yet?
______

5. Has he mailed the letter yet?
______

6. Has he called his grandmother yet?
______

47 CHECK-LIST

« Yet » et « already » ☐ **Aa** Les routines et les corvées ☐ Parler du passé proche ☐

48 Manger au restaurant

Pour les sorties au restaurant, il vous faudra connaître le vocabulaire pour réserver une table et commander des plats.

Grammaire Les phrases utiles au restaurant
Aa Vocabulaire La préparation des repas
Compétence Commander un repas au restaura

48.1 POINT CLÉ COMMANDER UN REPAS

Un repas au restaurant se compose en général de 3 plats.

CONSEIL
En anglais américai
on utilise « entrée »
ou « main course »
pour parler du pla
principal d'un
repas.

48.2 VOCABULAIRE MANGER AU RESTAURANT ET PRÉPARER LES REPAS

appetizer (US) starter (UK)

entrée (US) main course (UK)

dessert

the check (US) the bill (UK)

reservation / booking

roast

bake

broil (US) grill (UK)

boil

fry

48.3 ÉCOUTEZ L'ENREGISTREMENT, PUIS COCHEZ LA BONNE RÉPONSE.

Bill et Janet commandent leur repas au restaurant.

What do the couple order for their appetizer?
Garlic bread ☑ **Tomato soup** ☐

1. What does Bill order for his entrée?
   Roast beef ☐ **Roast chicken** ☐
2. What does Janet order for her entrée?
   Grilled sea bass ☐ **Baked salmon** ☐
3. What drink does Janet order?
   White wine ☐ **Beer** ☐
4. What drink does Bill order?
   Beer ☐ **Orange juice** ☐
5. How long will they wait for their entrées?
   30 minutes ☐ **45 minutes** ☐

48.4 COMPLÉTEZ LES PHRASES AVEC LES MOTS DE LA LISTE, PUIS LISEZ-LES À VOIX HAUTE.

For my main course, I'll have the *chicken pie*.

1. For my appetizer, I'd like the ____________.
2. For my entrée, I think I'll have the ____________.
3. For my dessert, I would love the ____________.

~~chicken pie~~ roast beef and vegetables strawberry cheesecake tomato soup

48 ✓ CHECK-LIST

Les phrases utiles au restaurant ☐ **Aa** La préparation des repas ☐ Commander un repas au restaurant ☐

49 Exprimer vos réussites et projets

La langue anglaise emploie différentes formulations pour exprimer les souhaits futurs, de projets d'avenir sûrs et de succès passés. Utilisez-les lorsque vous évoquez votre vie.

Grammaire Les souhaits et les projets
Vocabulaire Le voyage et les sports extrêmes
Compétence Parler de vos réussites

49.1 POINT CLÉ VOS DÉSIRS ET VOS PROJETS

Utilisez des expressions telles que « I'd like to » pour parler de vos souhaits. Utilisez « I'm going to » pour parler de vos projets sûrs.

Have you ever worked abroad?

No, but I'd like to work in Asia.

Vous aimeriez travailler à l'étranger.

No, but I'm going to next year.

Vous prévoyez de travailler à l'étranger l'année prochaine.

49.2 AUTRES EXEMPLES VOS DÉSIRS ET VOS PROJETS

I'm very excited. We're going to hike the Inca Trail next year.

I haven't climbed Mount Fuji, but I'm going to do it this summer.

I've never been to South America, but I want to go.

I've never seen a whale. I'd like to go whale-watching later this year.

49.3 RELIEZ CHAQUE QUESTION À LA RÉPONSE CORRESPONDANTE.

Have you ever played golf? → No, but I'm going to watch the US Open.

1. Have you ever been paragliding?
2. Have you ever seen *Hamlet*?
3. Have you ever been to Machu Picchu?
4. Have you ever been on a boat?

- No, but I love Shakespeare and I'd like to see it.
- No, but I want to do that next year.
- No, but I'm going to watch the US Open.
- No, but I want to go sailing in the summer.
- No, but we're going to go there next year.

49.4 ÉCOUTEZ L'ENREGISTREMENT, PUIS COCHEZ LA BONNE RÉPONSE.

Ken Wallace, présentateur radio, interviewe le cascadeur Brett Ellis.

Has done ☑ Hasn't done ☐

1 Has done ☐ Hasn't done ☐

2 Has done ☐ Hasn't done ☐

3 Has done ☐ Hasn't done ☐

Aa 49.5 COMPLÉTEZ LES INDICES AVEC LES MOTS DE LA LISTE, PUIS ÉCRIVEZ-LES DANS LA GRILLE.

~~Desert~~ sail dolphins Australia drive
football Chinese make mountain English

HORIZONTALEMENT

1. Davina is going to ride a camel across the Gobi *Desert*.
3. Harry wants to ______ along the Pacific Coast Highway.
6. Dan would like to go swimming with ______ in Mexico.
7. Flo would like to study ______ in Beijing.
9. Susie wants to see kangaroos in ______.

VERTICALEMENT

2. Javier wants to speak ______ every day.
4. Ben would like to climb a ______.
5. José wants to play ______ with the Dallas Cowboys.
8. Gary is going to ______ a short movie with his friends.
10. Melinda wants to ______ her boat around the world.

49.6 **POINT CLÉ** CE QUE J'AI FAIT ET CE QUE JE VEUX FAIRE

Utilisez des mots tels que « never », « yet » ou « really » pour souligner une partie de votre discours.

I've never run a marathon.

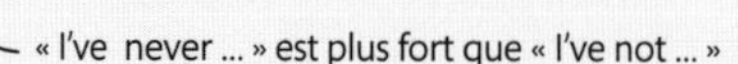

« I've never ... » est plus fort que « I've not ... »

I haven't seen the Pyramids of Giza yet.

Vous n'avez jamais vu les pyramides de Gizeh, mais vous projetez de les voir un jour.

I really want to climb Mount Everest.

Votre désir d'escalader le mont Everest est fort.

Aa 49.7 RELIEZ CHAQUE IMAGE À LA PHRASE CORRESPONDANTE.

I haven't been up in a hot-air balloon, but I'm going to do that for my birthday in August.

I haven't traveled in a helicopter yet, but I'm going to fly over New York in one soon.

1 

2 

3 

4 

I haven't been to a music festival yet, but my friends really want to take me to one next summer.

I've never learned to ski, but my friend Sanjay is going to teach me next year.

I've never been on TV, but I'm going to be on a TV quiz show in a few weeks. I'm very excited.

49.8 LISEZ LE COURRIEL, PUIS COCHEZ LA BONNE RÉPONSE.

John has been surfing in South Africa and Australia.
True ☐ **False** ☑

1. John has never seen a lion.
   True ☐ **False** ☐

2. John and Jo have been on safari before.
   True ☐ **False** ☐

3. John and Jo are going to China this year.
   True ☐ **False** ☐

4. John wants to go Japan this summer.
   True ☐ **False** ☐

5. Jo has never been on an elephant.
   True ☐ **False** ☐

To: Jo Abernathy

Subject: Things I want to do this year

Hi Jo,

I want to plan our year, so we can do more things. We've already been surfing in Australia and Hawaii, but we haven't surfed in South Africa yet. I've also never seen a lion, so I want to go on safari. We've never done that before. Also, I know we're going to China next year, but this summer I want to go to Thailand. I'd really like to ride an elephant, and I know you haven't done that yet. What do you think?

John

49 ✓ CHECK-LIST

Les souhaits et les projets ☐ **Aa** Le voyage et les sports extrêmes ☐ Parler de vos réussites ☐

BILAN L'ANGLAIS QUE VOUS AVEZ APPRIS DANS LES CHAPITRES 45-49

NOUVEAU POINT LINGUISTIQUE	EXEMPLE TYPE	☑	CHAPITRE
LE PRESENT PERFECT	Tom has just cleaned the windows.	☐	45.1, 45.3
LE PRÉTÉRIT ET LE PRESENT PERFECT	I visited France in 2010. I have visited France many times.	☐	46.1
« YET » ET « ALREADY » AVEC LE PRESENT PERFECT	I haven't ordered the pizza yet. I've already ordered the pizza.	☐	47.5, 47.6
COMMANDER UN REPAS	"Have you made a reservation?" "Yes, I have." "Excuse me! Can we have the check, please."	☐	48.1
LES SOUHAITS ET LES PROJETS	I'd like to work in Asia. I'm going to work there next year.	☐	49.1, 49.2, 49.6

Réponses

01

1.4

1. You **are** 40 years old.
2. I **am** from New Zealand.
3. He **is** my cousin.
4. We **are** British.
5. They **are** mechanics.
6. She **is** my sister.
7. We **are** scientists.
8. She **is** 21 years old.

1.5

1. You **are** British.
2. He **is** a farmer.
3. They **are** 13 years old.
4. We **are** French.
5. I **am** an engineer.

1.6

1. True
2. False
3. False
4. True
5. True

1.7

1. I am Jack.
2. I am 40 years old.
3. I am Canadian.
4. I am an engineer.
5. He is Jack.
6. He is 40 years old.
7. He is Canadian.
8. He is an engineer.
9. They are 40 years old.
10. They are Canadian.

1.10

Note : toutes les réponses peuvent aussi être écrites sous forme contractée.

1. He **isn't** playing tennis.
2. She **isn't** a waitress.
3. He **isn't** 30 years old.
4. We **aren't** teachers.
5. **I'm not** at work.
6. Lyla **isn't** a cat.

1.11

Note : toutes les réponses peuvent aussi être écrites sous forme contractée.

1. Kaleh isn't their mother.
2. There isn't a bank on this street.
3. That isn't his laptop.
4. They are not her grandparents.
5. Alyssa and Logan aren't your friends.

1.14

1. Is Alvera a nurse?
2. Are those my keys?
3. Are Ruby and Farid artists?
4. Are they best friends?

1.15

1. **Is** Holly your mother?
2. **Are** they from Argentina?
3. **Are** these your dogs?
4. **Is** this Main Street?

02

2.4

1. He **wakes up** at 7 o'clock.
2. I **start** work at 10am.
3. They **leave** home at 8:45am.
4. We **finish** work at 4pm.
5. My friend **has** dinner at 6:30pm.
6. I **cook** dinner every night.
7. My parents **eat** lunch at 2pm.
8. Mia **gets up** at 5 o'clock.
9. My cousin **works** with animals.

2.5

1. We **leave** work at 5:30pm.
2. Pam **eats** lunch at 1:30pm.
3. We **walk** in the park.
4. His son **goes to** work at 9am.
5. My brother **leaves** work at 4:45pm.
6. They **eat** dinner at 8pm.

2.6

1. My son **watches** TV all night.
2. He **goes** shopping on Fridays.
3. We **eat** breakfast at 7am.
4. My cousin **works** inside.
5. Georgia **starts** work at 9am.
6. They **do** their chores.

2.10

1. I go to work every day.
   I do not go to work every day.
2. He watches TV in the evening.
   He doesn't watch TV in the evening.
3. They do not work in an office.
   They don't work in an office.

2.13

1. Do you like basketball?
2. Do you like running?
3. Do you like pizza?
4. Does he like basketball?
5. Does he like running?
6. Does he like pizza?
7. I don't work on the weekend.
8. I don't work on Mondays.
9. My sister doesn't work on the weekend.
10. My sister doesn't work on Mondays.
11. They don't work on the weekend.
12. They don't work on Mondays.

03

3.4

1. Sharon **is** reading a book.
2. I **am** carrying my laptop.
3. My cat **is** climbing a tree.
4. We **are** working at the moment.
5. They **are** having their dinner.
6. He **is** talking to his dad.
7. I **am** driving to work right now.
8. They **are** watching the movie.

.5

1. They **are coming** home now.
2. We **are playing** a board game.
3. Jane **is cooking** dinner.
4. He **is drinking** some water.
5. We **are listening** to music.
6. I **am washing** my hair.
7. You **are winning** the game.
8. We **are visiting** New Zealand.

.6

1. Emma
2. Max
3. Julie
4. Emma's cousin

.10

1. We **aren't** playing with them.
2. The baby **isn't** sleeping.
3. He **isn't** watching the game.
4. You **aren't** wearing boots.
5. She **isn't** cooking lunch.
6. We **aren't** meeting right now.
7. I **am not** eating with them.

.11

1. They **aren't going** to the park.
2. I**'m not eating** this meal.
3. You **aren't wearing** this coat again.
4. Frank's dog **isn't sitting** by the fire.
5. My dad **isn't carrying** the heavy box.

.12

1. Dan is watching a movie.
2. Manu's exercising.
3. George's playing his guitar.
4. Jamal is playing a computer game.

.13

1. They are climbing a tree. They aren't imbing a tree.
2. They are surfing. They aren't surfing.
3. They are washing the car. They aren't ashing the car.

04

4.5

1 Martha 2 Rachel 3 Fleur 4 Jacob

4.6

1. What are John and Mike watching? **They are watching a movie.**
2. What is Sida singing? **She is singing "Happy Birthday."**
3. Where are you going? **We are going to the store.**
4. What are Anna and Sue eating? **They are eating chocolate.**
5. What are Ali and Sam doing? **They are cooking dinner.**

4.8

1. Sam is **wearing** red pants.
2. Jack is **reading** on an e-reader.
3. You are **listening** to headphones.
4. Sam is **cleaning** her bike.
5. I am **using** my smartphone.

4.9

1. his shirt
2. a computer
3. a skirt
4. writing
5. radio
6. her laptop
7. his e-reader

4.10

1. What is Kimi cleaning?
2. What is Jill doing?
3. What is Jack using?
4. What is Max holding?
5. What is Marge carrying?

4.11

1. Emir is going to New York.
2. They are holding books.
3. She is carrying a laptop.

05

5.3

VERBES D' ACTION : **go, learn, read, eat**
VERBES D'ÉTAT : **want, love, hate, remember**

5.5

1. I **have** a big house by the ocean.
2. My sister **hates** this new TV show.
3. Thomas **knows** your dad.
4. Finn **wants** a new bike.
5. I **see** the cat and dog.

5.6

1. She **is going** to the store now.
2. Fred **doesn't like** pizza.
3. I always **sing** in the bath.
4. He **is reading** a book at the moment.
5. Jo **remembers** my birthday.
6. Li **is playing** tennis at the moment.
7. We **don't want** to leave.

07

7.4

1. bored
2. calm
3. confident
4. stressed
5. miserable

7.5

1. Ben **is feeling** bored.
2. Luis **is feeling** irritated.
3. I **am feeling** sad.
4. You **are feeling** calm.
5. Kate and I **are feeling** happy.
6. Gina **is feeling** confident.
7. We **are feeling** excited.
8. I **am feeling** tired.

7.6

1. True
2. False
3. False
4. True
5. True
6. False
7. True
8. True

7.10

1. Joe's **very** unhappy.
2. Bella and Edith are **really** sad.
3. Lin is **very** nervous.
4. She is **very** confident.
5. They're **so** tired.

7.11

1. I'm at the airport. I'm waiting for the flight. I don't have a book. There's nothing to do. I'm really **bored**.
2. I'm watching a movie on TV. It's a love story. The man and his wife are in different countries. They're very **sad**.
3. We're at the concert. We're waiting for my favorite band in the world to come on stage. We're at the front. I'm so **excited**.
4. I'm at the supermarket. There's no milk, no butter, no flour, and no sugar. All the things that I need for the cake. I'm so **angry**.
5. I'm waiting to meet my new boss. She's talking to everyone in the office. I don't know what to say to her. I'm very **nervous**.

09

9.4

1. Sarah and I normally **play** tennis on Wednesdays, but today we **are swimming**.
2. Today, I **am having** soup for lunch, but I usually **have** a sandwich.
3. We often **watch** TV in the evenings, but tonight we **are having** a party.
4. Ben and Tom usually **work** until 6pm, but tonight they **are working** until 9pm.
5. Melanie **is skiing** in France this winter, but she normally **goes** to Italy.
6. Today, you **are drinking** water, but you often **have** coffee after lunch.

9.6

1. Denzel **is seeing a show.**
2. Selma **is doing her project**.
3. Marlow **is playing hockey.**
4. Roxy **is making dinner.**
5. Rainey **is eating with friends.**
6. Malala is **having coffee**.
7. Altan is **taking a break**.

9.7

1. A 2. B 3. C

9.8

1. Sally usually **swims**, but right now **she's playing** soccer.
2. Abe normally **reads**, but tonight **he's listening** to music.
3. They often **play** golf, but today **they're playing** hockey.
4. I usually **take** a shower, but today **I'm taking** a bath.

11

11.2

1. My brother isn't **feeling** very well this morning.
2. George **is** sick, so he's staying in bed today.
3. I **am** sick, so I'm not going to work.
4. Ayshah **isn't** feeling well, so she's going home.
5. Luca and Ben **aren't** feeling well today.

11.5

1. Mary's back **hurts**.
2. John has a **broken** leg.
3. I've got a **pain** in my finger.
4. She has a terrible **toothache**.

11.6

1. I have a pain in my arm.
2. John has got an earache.
3. His head hurts.
4. Aziz has got a pain in his back.

13

13.3

1. The weather is beautiful here. It's hot and sunny, and I'm having a great time.
2. There's a lot of snow, so the children are having a great time. They want to learn how to ski.
3. This is a beautiful place, but I really want it to be sunny. It's dark and cloudy all the time.

13.4

1. Oh no! I hate this weather. It's **rainin** again.
2. I can't ride my bike in these conditions. It's too **foggy**.
3. Be careful! There's **ice** on the road.
4. Wow! It's really **stormy** outside toda

13.6

1. freezing
2. cold
3. hot
4. boiling
5. warm

13.7

1. 55°F
2. Seattle
3. Anchorage
4. Houston

13.8

1. There's a lot of ice.
2. It's very windy.
3. It's very rainy.
4. It's sunny.
5. There are a lot of clouds.

15

15.4

1. An **elephant** is larger than a **lion**.
2. **Three** o'clock is earlier than **seven** o'clock.
3. **Ice cream** is colder than **coffee**.
4. A **mouse** is smaller than a **cat**.

15.5

1. thinner 2. lower 3. higher
4. larger 5. later 6. easier
7. earlier 8. hotter 9. closer

15.9

1. The Hotel Supreme is very expensive. It's **more expensive than** the Motel Excelsior.
2. The physics exam is really difficult. It's **more difficult than** the biology exam.
3. Your dress is very beautiful. It's **more beautiful than** my dress.
4. This TV program is really interesting. It's **more interesting than** the other ones.

15.10

1. This laptop is **more expensive than** this phone.
2. Seven o'clock is **later than** three o'clock.
3. A game of chess is **more difficult than** a game of cards.
4. A horse is **bigger than** a rabbit.

15.11

1. False 2. True 3. False 4. False

15.12

1. Paris is **more beautiful** than Dallas.
2. Noon is **earlier** than 5pm.
3. A cheetah is **faster** than a bear.
4. Gold is **more expensive** than silver.
5. Rock is **harder** than paper.
6. Water is **warmer** than ice.
7. Skiing is **more exciting** than walking.

16

16.5

1. Ben
2. Sarah
3. Joel
4. Ben
5. Sarah

16.6

1. The African elephant is the **heaviest** animal on land.
2. The **fastest** animal in the world is the peregrine falcon.
3. The **longest** word in the English dictionary has 45 letters.
4. The Sahara is the **biggest** desert in the world.
5. The giraffe is the **tallest** animal on Earth.

16.10

1. Antarctica is **the coldest place on Earth.**
2. Mumbai is **the biggest city in India.**
3. Alaska is **the largest state in the US.**
4. The inland taipan is **the most dangerous snake in the world.**

16.11

1. The Grand
2. The Plaza
3. The Plaza
4. The Grand
5. The Rialto

16.12

1. Istanbul is a very large city. It is **the largest** city in Europe.
2. The Missouri River is 2,540 miles long. It is **the longest** river in North America.
3. The cheetah is a very fast animal. It is **the fastest** land animal on Earth.
4. The Kali Gandaki Gorge is 3.46 miles deep. It is **the deepest** gorge in the world.

18

18.3

1. Do you want to visit New York **and** Chicago?
2. Would you like to study chemistry **or** physics?
3. Would you like a burger **and** a soda?
4. Do you want to go home **or** go to a restaurant?

18.6

1. **What** is the biggest country in Africa?
2. **What** would you like to eat for your dinner?
3. **Which** jacket do you want to wear, the blue one or the red one?
4. **Which** is you favorite color, red, green, yellow, or blue?

18.9

1. John's Bar has the best music.
2. The Big Cahuna is the farthest from the beach.
3. The Seaview Café has the best ice cream.
4. The Big Cahuna has the worst food.
5. The Little Olive has the best seafood.

18.10

1. Taipei
2. Suriname
3. Sahara
4. Eiffel Tower
5. K2

19

19.3

1. 4,500
2. 467,000
3. 989
4. 72,427
5. 4,125,025

19.4

1. Three thousand, one hundred and seven.
2. Twenty-three thousand, four hundred and seventeen.
3. Three hundred and forty-five thousand, nine hundred and seventy-two.
4. Twenty-three million, four hundred and fifty-six thousand, nine hundred and eighty-seven.

21

21.3

1. B
2. F
3. A
4. G
5. E
6. C
7. D

21.6

1. 1976
2. 1993
3. 1996
4. 2004
5. 2008

21.7

1. My birthday is on December 5.
2. My birthday is on the 11th of March.
3. My meeting is on December 5.
4. My meeting is on the 11th of March.
5. Nami's birthday is on December 5.
6. Nami's birthday is on the 11th of March.
7. Nami's meeting is on December 5.
8. Nami's meeting is on the 11th of March.
9. I was born 20 years ago.
10. I was born 41 years ago.
11. He was born 20 years ago.
12. He was born 41 years ago.

22

22.4

1. You **were** at the museum last week.
2. There **were** five people here yesterday.
3. The students **were** there on Monday morning.
4. My mom **was** an artist in the 1990s.
5. I **was** in college in 1989.
6. Sal and I **were** at the theater last night.
7. My dad **was** a builder until 1995.

22.5

1. True
2. False
3. False
4. False

22.6

1. 1918
2. 1964
3. 1969
4. 1994

22.10

1. They **weren't** very good at science.
2. I **wasn't** in Canada in 2002.
3. You **weren't** at the party last night.
4. We **weren't** in our house last year.
5. There **wasn't** a restaurant near the river.

22.11

1. Was he a good builder?
2. Were they late this morning?
3. Was she at a meeting yesterday?
4. Were you happy in college?
5. Were we in New Zealand for two weeks?
6. Were you in the swimming pool?

22.12

1. B
2. B
3. A
4. A

22.13

1. I was a student last year.
2. I was a student in 2008.
3. I was a student for four years.
4. They were students last year.
5. They were students in 2008.
6. They were students for four years.
7. I was in Australia last year.
8. I was in Australia in 2008.
9. I was in Australia for four years.
10. They were in Australia last year.
11. They were in Australia in 2008.
12. They were in Australia for four years.
13. They were good friends last year.
14. They were good friends in 2008.
15. They were good friends for four years.

23

23.4

1. The music was good, but I **didn't dance** very much.
2. My friend **didn't listen** to the band on Saturday night.
3. Last week, I **cleaned** my brother's new car for him.
4. Did you **watch** a fun movie last night?
5. Ben and Franklin **played** tennis for five hours yesterday.

23.7

1. On Tuesday morning, she **played** squash.
2. On Tuesday afternoon, she **phoned** her boss.
3. On Wednesday, she **tried** sushi at a Japanese restaurant.
4. On Thursday morning, she **cleaned** the bathroom.
5. On Thursday night, she **visited** Aziz in hospital.
6. On Friday, she **invited** friends to her birthday party.
7. On Saturday, she **walked** in the park.
8. On Sunday, she **cooked** dinner for her parents.

23.8

1. 1974
2. 1989
3. 1991
4. 1975
5. 1993
6. 1995

23.10

1. She moved to the US when she was 19 years old.
2. They started swimming when they were 25 years old.
3. We visited Japan when we were 27 years old.
4. I received this gift when I was 31 years old.

23.11

1. She moved to New York in 1996.
2. She visited Asia in 2008.
3. She started her first job in 2010.

24

24.4

1. I could cook Italian food.
2. We couldn't play the piano.
3. She could paint a picture.
4. They couldn't make a cake.

24.5

1. do mathematics
2. ride a horse
3. three languages

24.6

1. When I was five, I couldn't play chess.
2. When I was five, I couldn't ride a bike.
3. When I was five, I couldn't swim.
4. When I was five, I couldn't skate.
5. When I was seven, I couldn't play chess.
6. When I was seven, I couldn't ride a bike.
7. When I was seven, I couldn't swim.
8. When I was seven, I couldn't skate.
9. When you were five, you could play chess.
10. When you were five, you could ride a bike.
11. When you were five, you could swim.
12. When you were five, you could skate.
13. When you were seven, you could play chess.
14. When you were seven, you could ride a bike.
15. When you were seven, you could swim.
16. When you were seven, you could skate.

26

26.4

1. begin
2. break
3. take
4. sell
5. buy
6. get
7. write
8. make
9. sit

26.5

1. C
2. G
3. B
4. A
5. F
6. E
7. D

26.6

Wow! This morning a bear **ate** my breakfast. We are in the Redwood Park and last night we camped in the forest. We **made** a fire and it was very quiet, so my friend and I **slept** well. Later on, we **went** to the river to get water. When we got back to the tent, we **saw** the bear. I **felt** really scared. We **ran** back to the campsite and we are safe now!

26.9

1. **First** Sheila put her best clothes on.
2. **First** do your homework. **Then** go out and play.
3. Ben passed his test. **Next** he bought a car.
4. Eat dinner. **After that** you can have some dessert.
5. **First** he ate a large breakfast.

26.10

1. **After that** they got lost. Then they decided to camp and put the tent up.
2. They were scared of the sounds in the forest. But **finally** they went to sleep.
3. **In the morning** they washed in the river. They went back to their tent for food.
4. **After that** they saw a bear eating their food. After that it walked into the forest.
5. **Finally** Harold and Jack arrived safely back at the campsite.

26.13

1. What did she eat? **She ate a burger and fries.**

2 How much did he spend? **He spent about $500.**
3 What time did you leave the bar? **I left around 11pm.**
4 Did they go by bus? **Yes, because there were no trains.**
5 Did I get any mail? **You got three letters.**
6 Did we win the competition? **No, we lost.**

26.14
1 When **did the movie begin?**
2 Which **shirt did he choose?**
3 What **did she eat last night?**
4 What **did she read this morning?**
5 How many **fish did Aia catch at the lake?**
6 Who **did you see at the party last night?**
7 What **did he give his brother?**

26.15
1 a red dress
2 a watch
3 Sam
4 pizza
5 jazz

28

28.3
A 5
B 2
C 1
D 3
E 4

28.5
1 False
2 True
3 True
4 True
5 True
6 False

28.6
1. The movie is about three characters.
2. The movie is about a court case.
3. The movie is about a love story.
4. The play is about three characters.
5. The play is about a court case.
6. The play is about a love story.
7. It's a movie about three characters.
8. It's a movie about a court case.
9. It's a movie about a love story.
10. It's a play about three characters.
11. It's a play about a court case.
12. It's a play about a love story.

28.7
1 Millie enjoys singing.
2 Millie learns to sing in her bedroom.
3 The name of her music teacher is Miss Cafferty.
4 The villain is Miss Cafferty.
5 No. Millie is played by a child.

28.8
1 Millie **hates** singing.
2 Millie has **ugly** costumes.
3 Many of the actors were **terrible**.
4 The songs are very **bad**.
5 I really **hated** the music.

28.9
1 villain
2 documentary
3 comedy
4 play
5 author
6 adventure

29

29.4
1 B
2 A
3 D
4 C
5 E

29.5
1 Did I have lunch today? **No, you didn't.**
2 Did the dog eat its dinner? **Yes, it did.**
3 Did they go to Venezuela? **No, they didn't.**
4 Did we win the competition? **Yes, we did.**

29.6
1 Did they give Ellie a present?
2 Did you stay in an expensive hotel?
3 Did his mother buy a lot of postcards?
4 Did your brother climb a mountain?
5 Did their parents take lots of photos?

29.9
1 How did you get to the station? **By taxi**.
2 Where did you stay? **In the Hotel Bella Vista.**
3 Why did you stay there? **Because it was cheap.**
4 Who did you go on vacation with? **Daniella and Toni.**

29.10
1 By boat
2 On Saturday
3 Macy's
4 Some clothes
5 Oysters

29.11
1 Who **did you go on vacation with**?
2 Where **did you stay in London**?
3 What **did you eat in Chinatown**?
4 How **long did you go abroad** for?
5 When **did you leave the US**?

30

30.2
1 True
2 False

3 True
4 False
5 False

30.4

1 My **qualifications** include degrees in biology and chemistry.
2 The interview at the bank went really well. I've **got the job**.
3 The manager read my **résumé** and said it was really good.
4 I can **start** the job in January.
5 You need to **have an interview** before you can get the job.

30.5

A 5
B 2
C 1
D 6
E 3
F 4

31

31.5

1 False
2 True
3 True
4 False
5 True

31.6

1 What **did Sharon get yesterday?**
2 What **did your boss have this morning?**
3 What **do you want?**
4 Who **did the staff phone last month?**
5 Who **did you see on TV last night?**

31.10

1 What did the manager say?
2 Which customer did you speak to?
3 Who gave Emma that book?
4 What started at 7am?

31.11

1 What did the dog break?
2 Who ate the last piece of cake?
3 Which TV program starts at 9pm?
4 What did they eat?
5 Who has a better job now?
6 Who did you see yesterday?

31.12

1 What **did Arjun start last month?**
2 What **does the office have?**
3 Who **is waiting outside?**
4 What **does Mark want to be?**
5 What **does the boss want this year?**

32

32.3

1 Please ask **someone** to phone Mr. Richards immediately.
2 Mrs. Turner didn't give **anyone** any work to do this week.
3 Can I give **anyone** a lift to the station tomorrow morning?
4 Mr. Phillips needs **someone** to go with him to the hospital.
5 I'm sorry, but there isn't **anyone** in the office at the moment.

32.5

1 **Somebody** in room 212 needs a new computer.
2 Theodore tells **someone** the good news about the business.
3 **Everyone** is going for lunch at the restaurant to celebrate Daniella's birthday.
4 **Nobody** closed the window last night before they left the office.
5 **Everyone** knows that we have a new office.

32.6

1. Everybody went to the meeting.
2. Everybody went to the party.
3. Everybody wrote to the customer.
4. Everybody finished their work today.
5. Someone went to the meeting.
6. Someone went to the party.
7. Someone wrote to the customer.
8. Someone finished their work today.
9. Nobody went to the meeting.
10. Nobody went to the party.
11. Nobody wrote to the customer.
12. Nobody finished their work today.

33

33.4

1 I was very tired last night. **Were you?**
2 We didn't go to the party. **Didn't you?**
3 Frank wasn't feeling well. **He wasn't?**
4 The cat likes its new food. **Does it?**

33.5

1 **Was** it?
2 There **is**?
3 **Did** you?

35

35.4

1 John's cousins **are coming** to the party tomorrow.
2 **I am going** to the dentist tomorrow morning.
3 My family and I **are visiting** my grandma on Saturday.
4 The managers in my office **are having** a meeting this afternoon.
5 A famous band **is playing** in Central Park this weekend.
6 He **is studying** for his test tomorrow.

35.5

A 3
B 6
C 1
D 4
E 7
F 2
G 5

35.8

1 Sorry, I can't. I'm visiting my parents this evening.
2 I'd like to, but I'm going to France this weekend.
3 That sounds nice, but I'm going swimming on Tuesday.
4 I'd love to, but I'm looking after my nephew tomorrow.

35.9

1 I'd like to, but **I'm going to dinner with Marco and Olivia**.
2 Sorry, I can't. **I'm going to lunch with Aziz**.
3 That would be fun, but **I'm going to the theater to see a musica**l.
4 That sounds nice, but **I'm looking after Sandy's baby**.
5 I'd like to, but **I'm going to a yoga class**.

36

36.4

1 I **am not going** to eat sushi for dinner.
2 Debra **is going to get** a new job soon.
3 My friends **are going to cook** a meal for me next week.
4 Manuel **is going to learn** how to scuba dive this summer.
5 We **are going to travel** to Dubai in December.

36.5

1 False
2 True
3 True
4 False
5 False

36.8

1 He is going to paint his bedroom by the end of this month.
2 He is going to join a gym by this time next month.
3 He is going to book a vacation by the end of March.
4 He is going to get fit by the summer.
5 He is going to buy a new car by December.

36.9

1 Tim is going to buy a new boat by October.
2 Sally and Jane are going to go on vacation on the weekend.
3 I am going to write a book by this time next year.
4 We are going to run a marathon tomorrow.

36.10

1 Jack is going to join a gym before the summer.
2 Samantha is going to write music at weekends.
3 Debbie is going to travel more in the winter.
4 Joseph is going to learn how to cook by this time next month.

37

37.3

1 Watch out! You **are going to step into** that puddle.
2 The dog **isn't going to eat** its food. I think it's sick.
3 Oh no! She **is going to fall off** the ladder.
4 John is terrible at golf! He **isn't going to win** the tournament.
5 It's very windy! His umbrella is **going to blow away**.
6 You're carrying too much. You **are going to drop** everything.

37.4

1 John and Jill are putting their coats on. They **are** going to leave now.
2 I saw the weather forecast. It **is** going to snow this afternoon.
3 It's my birthday, so I **am** going to get a present from my husband.
4 Larry and John have gone home to get their tennis rackets. They **are** going to play tennis.

37.5

1 He is **not going to** be in the next Olympics.
2 Marco **is going to** study art at university.
3 He **is not going to** be the main character in a musical.
4 Marco **is going to** fail his English exam.
5 He **is going to** play soccer next weekend.

37.6

1 fall over
2 crash into
3 fail
4 pass
5 break

37.7

1 The man is going to **fall into** the pond.
2 The snowman is going to **fall over**.
3 It is going to **rain** later today.
4 The boy in the blue shirt is going to **win**.
5 The store is going to **close** now.

37.8

1. I am going to be late for work.
2. I am going to make a fruit cake.
3. I am going to play soccer.
4. Sheila is going to be late for work.
5. Sheila is going to make a fruit cake.
6. Sheila is going to play soccer.
7. We are going to be late for work.
8. We are going to make a fruit cake.
9. We are going to play soccer.
10. They are going to be late for work.
11. They are going to make a fruit cake.
12. They are going to play soccer.

39

39.4

1. John **will not eat** pizza.
2. Maria **will enjoy** the new dance class.
3. Susie and Bella **will be** early for work this week.
4. The children **will not understand** this information.

39.5

1. He'll bring chocolates.
2. She'll make a salad.
3. He'll not bring anything.
4. I'll bring drinks.
5. They'll buy some cheese.

39.6

1. Who will find the party music? **Marsha will do it.**
2. Who will bring the party games? **Sam will do it.**
3. Who will bake a birthday cake? **Jenny's mother will do it.**
4. Who will cook the food? **Jenny's brother will do it.**

39.10

1. Diane works very hard. **I think she'll pass her exams.**
2. Chiara loves traveling. **I think she'll enjoy visiting Rome.**
3. Carl failed his driver's test again. **I don't think he'll ever pass it.**
4. Georgia can't sing very well. **I don't think she'll be in the musical.**

39.12

1. Bob is going to **eat** all his dinner.
2. It is going to **snow** this afternoon.
3. The dog will **eat** these leftovers.
4. The car is going to **turn** left.
5. John thinks he will **go out** tonight.

40

40.4

1. It's my birthday, **so I'll cut the cake.**
2. I forgot my swimming trunks, **so I won't go in the water.**
3. I don't have any money, **so I won't go shopping.**
4. I can't find my train ticket, **so I'll get the bus.**

40.5

1 C 2 E 3 D 4 A 5 B

40.6

1. In that case we'll **go** by bus.
2. In that case I'll **have** tea.
3. In that case we'll **eat** at home.
4. In that case I'll **listen to** music.

40.9

1. False
2. True
3. False
4. True
5. True
6. True

40.10

1. I think I'll **have milk**.
2. I think I'll **leave at 6:30pm**.
3. I think I'll **play with Cassie**.
4. I think I'll watch **the news**.
5. I think I'll **go home**.

41

41.4

1. My dad might give me some money.
2. Helen might pass her driving test.
3. I might not eat a chocolate bar.
4. They might not have a party.

41.5

1. we will
2. I'll bring
3. I won't
4. We might

41.6

1. They won't make dinner.
   They might make dinner.
2. He won't be late again.
   He will be late again.
3. You might remember that.
   You will remember that.
4. She won't become a teacher.
   She will become a teacher.
5. We won't win the game.
   We might win the game.
6. The dog might eat this food.
   The dog will eat this food.

41.8

1. Where will you live next year? **I don't know. I might live in Boston.**
2. What will you do before you start college? **I might get a summer job. I'm not sure.**
3. How much money are you taking on vacation? **I'm not sure. I might take about $300.**

41.9

1 She might.
2 No, they're not.
3 He might.
4 No, she won't.
5 No, she won't.

41.10

1 Aban might learn French.
2 Aban won't run a marathon.
3 Nadiya will become a doctor.
4 Nadiya might write a book.
5 Nadiya won't do a bungee jump.
6 Jack will get a dog.
7 Jack might buy a motorcycle.
8 Jack won't move house.

42

42.4

1 You shouldn't open this door.
2 She should play the guitar every day.
3 He shouldn't wear that tie with that shirt.
4 You should take a tablet twice a day.
5 They shouldn't ride their bikes here.

42.5

1 We **shouldn't** swim at this beach.
2 People **should** be quiet in the library.
3 Shoppers **should** email.
4 They **should not** walk on the ice.
5 You **shouldn't** drive too fast.

42.6

1 I've got too many clothes. **You should sell some of them.**
2 I eat too much junk food. **You should eat more fruit.**
3 I don't know my neighbors. **You should have a block party.**
4 I feel tired all the time. **You should get more sleep.**
5 I need more exercise. **You should join a gym.**
6 I'm so lonely. **You should get a dog.**
7 I've nothing to wear tonight. **You should go shopping.**

42.7

1 bring $10
2 finish his work
3 get up earlier
4 use a friend's computer
5 speak clearly

42.8

1 People **should** visit the library more often.
2 People **should** have a shower before swimming.
3 You **shouldn't** eat anything in a laboratory.
4 You **shouldn't** go through that blue door.
5 Students **shouldn't** speak during their exams.

43

43.4

1 I didn't pass my driving test last week. **Oh well, you could take it again next month.**
2 I haven't got any nice clothes. **You could buy some new ones.**
3 I can never remember people's names. **You could write them down after you meet them.**
4 I never know what time it is. **You could buy a watch.**
5 Oh no. I forgot to lock the front door. **We could go back to your house now.**

43.5

1 You could **save $10 a week.**
2 You could **take him with you.**
3 You could **eat it inside.**
4 You could **share with a friend.**
5 You could **write 500 words every day.**

43.8

1 You don't know what to do for the summer. You could **get a job** or **travel.**
2 What are you going to make for dinner tonight? You could cook **chicken** or **beef.**
3 You want to be a better tennis player. You could **have some lessons** or **play more often.**
4 You can't wake up in the mornings. You could **set an alarm** or **go to bed earlier.**

43.9

1 get his children to help; get a cleaner
2 look in the newspaper; look at a website
3 read more English books; email a new friend in English
4 take the stairs; walk to the store

45

45.5

1 We **have not mopped** the floor.
2 Tim **has left** the door open.
3 You **have changed** the sheets.
4 Sheila **has eaten** her dinner.
5 Dad **has not painted** the fence.
6 I **have vacuumed** the living room.
7 Aziz **has watered** the plants.

45.6

1 They haven't cleaned the car.
Have they cleaned the car?
2 You have mopped the floor.
You haven't mopped the floor.
3 I have taken the garbage out.
Have you taken the garbage out?
4 You haven't painted the house.
Have you painted the house?
5 John has cooked the dinner.
John hasn't cooked the dinner.

45.7
1. gone
2. had
3. closed
4. eaten
5. been
6. kept
7. seen
8. done

45.8
1. We have **cooked** dinner for you.
2. Ben and Ellen **have** gone to the supermarket.
3. The children have **seen** the movie.
4. Sheila has **cleaned** the bathroom.
5. The dog **hasn't** eaten all its food.
6. They've **been** to the mall to buy you a present.

45.9
1. No, they haven't.
2. No, she hasn't.
3. Yes, he has.
4. Yes, she has.
5. No, he hasn't.

45.10
1. cleaned
2. washed
3. cooked
4. changed
5. mopped
6. walked
7. cleared
8. brushed

45.11
1. The children have **cleaned** the car.
2. The cat has **eaten** all its food.
3. Jemma has **broken** the window.
4. Jill has **tidied** her desk.
5. Paul has **left** his wallet on top of the car.

46

46.4
1. I love the movie *Casablanca*. I **have watched** it more than nine times.
2. Our dog Rex **ate** all Mary's birthday cake last night.
3. Jack **didn't visit** the Colosseum when we were in Rome last year. He was too sick.
4. **Did you go** to the swimming pool downtown yesterday?

46.5
1. Yes, she has been **bungee jumping** many times.
2. Yes, **he visited Yosemite National Park** in 2014.
3. Yes, **I saw *Gone with the Wind*** last night.
4. No, **I have not been paragliding**.
5. Yes, Mia **has been scuba diving** many times.

46.8
1. Manuela and Giorgio have **gone** to the movies. They're meeting you there.
2. There's lots of food in the fridge because Ayida's **been** to the supermarket.
3. I've **been** to the library. Look at all the books I have!
4. Mary and Joe have **gone** to a nightclub. They'll be back after midnight.

46.9
1. We haven't been
2. We've eaten
3. We visited
4. We went

46.10
1. False
2. True
3. True
4. True

46.11
1. She hasn't **been** to the circus.
2. I **met** my best friend when I was six.
3. You **ate** all the chocolate last night.
4. He hasn't **tried** paragliding.

47

47.3
1. Alvita is very happy. She **won** the prize for the best chocolate cake yesterday.
2. This is a great party. I **have met** lots of really fun and interesting people.
3. Martha looks happy. She **has been** to the movies with Miles.
4. Mary can't drive. She **fell** and **broke** her arm last week.

47.4
1. She hasn't played in any competitions.
2. She broke her leg.
3. She didn't play tennis for three months.
4. She has missed two grand slams.
5. She went to the Caribbean.

47.8
1. Am I too late to play football? **No, the game hasn't started yet.**
2. Has Amy learned how to drive yet? **No, not yet.**
3. Can you send an email to Rachel? **I've already done it.**
4. Have you watched this movie? **Yes, I've already seen it.**

47.9
1. True
2. False
3. False
4. True
5. False

47.10

1. He has already cleaned the kitchen.
2. He has already bought milk and bread.
3. He hasn't taken the dog for a walk yet.
4. He hasn't made the birthday cake yet.
5. He has already mailed the letter.
6. He hasn't phoned his grandma yet.

48

48.3

1. Roast beef
2. Baked salmon
3. White wine
4. Orange juice
5. 30 minutes

48.4

1. For my appetizer, I'd like the **tomato soup**.
2. For my entrée, I think I'll have the **roast beef and vegetables**.
3. For my dessert, I would love the **strawberry cheesecake**.

49

49.3

1. Have you ever been paragliding? **No, but I want to do that next year.**
2. Have you ever seen *Hamlet*? **No, but I love Shakespeare and I'd like to see it.**
3. Have you ever been to Machu Picchu? **No, but we're going to go there next year.**
4. Have you ever been on a boat? **No, but I want to go sailing in the summer.**

49.4

1. Hasn't done
2. Has done
3. Hasn't done

49.5

1. Desert
2. English
3. drive
4. mountain
5. football
6. dolphins
7. Chinese
8. make
9. Australia
10. sail

49.7

1. I've never learned to ski, but my friend Sanjay is going to teach me next year.
2. I haven't been up in a hot-air balloon, but I'm going to do that for my birthday in August.
3. I've never been on TV, but I'm going to be on a TV quiz show in a few weeks. I'm very excited.
4. I haven't been to a music festival yet, but my friends really want to take me to one next summer.

49.8

1. True
2. False
3. False
4. False
5. True

Index

Toutes les entrées sont indexées par numéro de chapitre.
Les entrées principales sont en **caractères gras**.

O

P

Q

R

S

Remerciements

L'éditeur aimerait remercier :
Jo Kent, Trish Burrow et Emma Watkins pour le texte supplémentaire ; Thomas Booth, Helen Fanthorpe, Helen Leech, Carrie Lewis et Vicky Richards pour leur assistance rédactionnelle ; Stephen Bere, Sarah Hilder, Amy Child, Fiona Macdonald et Simon Murrell pour le travail de conception supplémentaire ; Simon Mumford pour les cartes et drapeaux nationaux ; Peter Chrisp pour la vérification des faits ; Penny Hands, Amanda Learmonth et Carrie Lewis pour la relecture ; Elizabeth Wise pour l'indexation ; Tatiana Boyko, Rory Farrell, Clare Joyce et Viola Wang pour les illustrations complémentaires ; Liz Hammond pour le montage des scripts et la gestion des enregistrements audio ; Hannah Bowen et Scarlett O'Hara pour la compilation des scripts audio ; Heather Hughes, Tommy Callan, Tom Morse, Gillian Reid et Sonia Charbonnier pour leur soutien créatif et technique ; Shipra Jain, Roohi Rais, Anita Yadav, Manish Upreti, Nehal Verma, Jaileen Kaur, Tushar Kansal, Vishal Bhatia, Nisha Shaw et Ankita Yadav pour leur aide technique.

DK tient à remercier les personnes suivar qui ont aimablement autoriser l'utilisatio de leurs photographies :
61 **Dorling Kindersley**: Peter cook (centre) ; Nigel Hicks (en haut au centre). 157 **Rough Guides, avec l'aimable autorisation de Sydney Opera House Trust**: Andrew Goldie (centre).

Toutes les autres images sont la propriété de Pour plus d'informations, rendez-vous sur **www.dkimages.com**.